职业教育·城市轨道交通类专业教材

Chengshi Guidao Jiaotong Yunying Zuzhi
城市轨道交通运营组织
（第2版）

慕威 主编
薛亮 赵明国 张程光 副主编
吕垠杰 主审

人民交通出版社股份有限公司
北京

内 容 提 要

本书为职业教育城市轨道交通类专业教材。本书共 8 个模块，包括城市轨道交通运营管理概述、城市轨道交通客流调查与分析、城市轨道交通运输计划、城市轨道交通客运组织、城市轨道交通票务组织、城市轨道交通应急救援、城市轨道交通系统运营经济效果分析、城市轨道交通客户服务与营销策略。

本书可作为职业教育城市轨道交通运营管理专业核心课程教材、专业选修课程教材使用，也可作为城市轨道交通企业的培训教材，亦可供从事城市轨道交通运营工作的专业技术人员参考。本书配有丰富助学助教资源，任课教师可加入职教轨道教学研讨群（QQ 群号：129327355）获取。

图书在版编目(CIP)数据

城市轨道交通运营组织/慕威主编.—2 版.—北京：人民交通出版社股份有限公司,2021.12
ISBN 978-7-114-17523-7

Ⅰ.①城… Ⅱ.①慕… Ⅲ.①城市铁路—轨道交通—行车组织—职业教育—教材 Ⅳ.①U239.5

中国版本图书馆 CIP 数据核字(2021)第 145442 号

职业教育·城市轨道交通类专业教材

书　　名：	城市轨道交通运营组织（第 2 版）
著 作 者：	慕　威
责任编辑：	钱　堃
责任校对：	孙国靖　扈　婕
责任印制：	张　凯
出版发行：	人民交通出版社股份有限公司
地　　址：	(100011) 北京市朝阳区安定门外外馆斜街 3 号
网　　址：	http://www.ccpcl.com.cn
销售电话：	(010) 59757973
总 经 销：	人民交通出版社股份有限公司发行部
经　　销：	各地新华书店
印　　刷：	北京武英文博科技有限公司
开　　本：	787×1092　1/16
印　　张：	12
字　　数：	293 千
版　　次：	2012 年 6 月　第 1 版 2021 年 12 月　第 2 版
印　　次：	2024 年 1 月　第 2 版　第 3 次印刷
书　　号：	ISBN 978-7-114-17523-7
定　　价：	39.00 元

(有印刷、装订质量问题的图书由本公司负责调换)

【课程特点】

城市轨道交通运营组织课程是城市轨道交通运营管理专业的核心课程之一,本书以模块-单元形式编写,对城市轨道交通运营管理的主要内容进行了较全面、系统的描述。内容包括:城市轨道交通运营管理概述、城市轨道交通客流调查与分析、城市轨道交通运输计划、城市轨道交通客运组织、城市轨道交通票务组织、城市轨道交通应急救援、城市轨道交通系统运营经济效果分析、城市轨道交通客户服务与营销策略。本书可作为职业教育城市轨道交通运营管理专业的核心课程教材,以及相关城市轨道交通类专业的选修课程教材使用,还可作为城市轨道交通企业的培训教材,同时也可供从事城市轨道交通运营工作的专业技术人员参考。

【教材编写背景】

从全世界来看,无论是建设速度,还是建设规模,目前我国的城市轨道交通系统发展正处于一个前所未有的高速发展期。城市轨道交通系统已经成为特大城市,如北京、上海等公共交通建设的重点。截至2020年底,我国已有45个城市(不含港澳台)开通城市轨道交通线路,线路运营里程达7969.7km。城市轨道交通投资金额巨大,仅2016年到2018年全国新建城市轨道交通投资额就达1.6万亿元。大规模的投资建设也对城市轨道交通建设人才提出了更高的要求。为满足城市轨道交通建设对人才培养的迫切需要,本书编写组对第1版教材进行了修订,完成了第2版教材的编写工作。

【内容结构】

本书共8个模块,主要介绍了以下内容:

模块一:城市轨道交通运营概述,主要介绍城市轨道交通系统的运营特性、城市轨道交通系统运营管理模式及其适用性以及城市轨道交通运营管理工作的目标与主要内容。

模块二:城市轨道交通客流调查与分析,主要介绍客流概述、客流调查与预测和客流分析的主要内容。

模块三:城市轨道交通运输计划,主要介绍客流计划,全日行车计划,列车开行方案,车辆配备、运用与检修计划和日常运输调整计划的主要内容。

模块四:城市轨道交通客运作业组织,主要介绍车站客运组织、车站换乘作业组织和车站大客流组织的主要内容。

模块五:城市轨道交通票务组织,主要介绍票务系统管理、车票管理、票务政策管理、现金管理、票务备品管理、票务报表管理和乘客票务事务处理的主要内容。

模块六：城市轨道交通应急救援，主要介绍城市轨道交通的应急救援预案、城市轨道交通应急救援体系的建设、城市轨道交通应急救援工作和城市轨道交通应急处理程序4个方面内容。

模块七：城市轨道交通系统运营经济效果分析，主要介绍运营指标体系、运营成本分析、地铁票价的制定和国内外城市轨道交通系统运营财务状况分析4个方面内容。

模块八：城市轨道交通客户服务与营销策略，主要介绍基本概念、城市客运市场细分、营销策略与客户服务的主要内容。

本书编写时注重职业教育的培养目标，以城市轨道交通运营管理专业学生基本素养和能力要求为出发点，同时也兼顾学生专业知识体系的构建和学生的后续发展。本书内容在上一版教材的基础上，以《地铁设计规范》（GB 50157—2013）、《城市轨道交通运营指标体系》（GB/T 38374—2019）为依据，结合实际，更新相关教学内容。本书每个模块后除思考题外，另附有模块学习任务、拓展与提高、实践训练等，努力让学生能通过本书学习做到"学以致用"，实现城市轨道交通运营管理专业学生基本专业素养养成及与后续专业课程融会贯通的教学目标。本书建议授课学时数为56学时。

【教材编写分工】

本书由辽宁省交通高等专科学校慕威担任主编，辽宁省交通高等专科学校薛亮、赵明国、张程光担任副主编，由沈阳地铁集团有限公司运营分公司培训办主任吕垠杰担任主审。全书共8个模块，具体编写分工为：模块一、模块二由辽宁省交通高等专科学校慕威编写，模块三、模块四由辽宁省交通高等专科学校薛亮编写，模块五、模块六由辽宁省交通高等专科学校赵明国编写，模块七、模块八由辽宁省交通高等专科学校张程光编写。

【教学资源】

本书配套丰富助学助教资源，可供相关任课教师教学参考，需求者可通过加入职教轨道教学研讨群（教师专用QQ群：129327355）向人民交通出版社股份有限公司编辑获取。

【致谢】

本书在编写过程中，得到了辽宁省交通高等专科学校、沈阳地铁集团有限公司运营分公司、沈阳浑南现代有轨电车有限公司等单位有关领导和专家的指导和帮助，在此一并表示感谢。

由于编者水平有限，书中难免存在疏漏和错误之处，恳请各位专家、读者批评指正。最后，对所有为本书的完成和出版给予支持和帮助的相关人员表示最衷心的感谢。

编 者

2020年7月

目录

二维码资源索引 ············ I

模块一　城市轨道交通运营管理概述 /1

单元一　城市轨道交通运营管理特性 ············ 1

单元二　城市轨道交通运营管理模式及其适用性 ············ 3

单元三　城市轨道交通运营管理工作的目标与主要内容 ············ 6

思考题 ············ 12

实训任务 ············ 12

模块二　城市轨道交通客流调查与分析 /13

单元一　客流概述 ············ 13

单元二　客流调查与预测 ············ 17

单元三　客流分析 ············ 22

思考题 ············ 30

实训任务 ············ 30

模块三　城市轨道交通运输计划 /31

单元一　客流计划 ············ 31

单元二　全日行车计划 ············ 33

单元三　列车开行方案 ············ 35

单元四　车辆配备、运用与检修计划 ············ 41

单元五　日常运输调整计划 ············ 43

思考题 ············ 49

实训任务 ············ 49

模块四　城市轨道交通客运组织 /50

单元一　车站客运组织 ············ 51

单元二　车站换乘作业组织 ············ 66

单元三　车站大客流组织 ············ 76

思考题 ············ 91

实训任务 ············ 92

模块五　城市轨道交通票务组织 /93

单元一　票务系统管理 ············ 93

单元二　车票管理 ············ 97

单元三　票务政策管理 ············ 105

单元四　现金管理 ············ 110

单元五　票务备品管理 ············ 116

单元六　票务报表管理 ············ 119

单元七　乘客票务事务处理 ············ 123

思考题 ············ 137

模块六　城市轨道交通应急救援 /138

单元一　应急救援预案 …………… 138
单元二　应急救援体系的建设 …… 140
单元三　应急救援工作 …………… 144
单元四　应急处理程序 …………… 149
思考题 …………………………… 154

模块七　城市轨道交通系统运营经济效果分析 /155

单元一　运营指标体系 …………… 155
单元二　运营成本分析 …………… 159
单元三　城市轨道交通票价的制定 … 162
单元四　国内外城市轨道交通系统运营财务状况分析 …………… 164
思考题 …………………………… 171

模块八　城市轨道交通客户服务与营销策略 /172

单元一　基本概念 ………………… 172
单元二　城市客运市场细分 ……… 174
单元三　营销策略与客户服务 …… 176
思考题 …………………………… 182

参考文献 /183

二维码资源索引

序号	名称	二维码	页码
1	《城市轨道交通运营管理规定》		9
2	站台岗站务员接发列车作业		54
3	同站台换乘		67
4	站厅换乘		67
5	通道换乘		68
6	车站大客流组织——控制客流方案		78

续上表

序号	名称	二维码	页码
7	车站大客流组织——限制客流方案		78
8	车站出入口客流组织		79
9	车站大客流组织——封站客流组织方案		79
10	非紧急情况下清客—列车故障区间清客（故障发生及疏散程序执行）		89
11	非紧急情况下清客—列车故障区间清客（疏散措施及处理）		89
12	列车在站台失火（火势可控）车站事故处理		147
13	列车在站台失火（火势可控）车站疏散及恢复运营		147

模块一

城市轨道交通运营管理概述

> **知识提要**

（1）城市轨道交通运营特性；
（2）城市轨道交通运营管理模式；
（3）城市轨道交通企业运营状况；
（4）城市轨道交通企业管理目标及主要内容。

> **模块任务**

（1）描述城市轨道交通不同运营管理模式的优缺点；
（2）列举不同运营管理模式的代表城市；
（3）说明城市轨道交通企业的运营状况；
（4）描述城市轨道交通企业管理目标；
（5）简要说明城市轨道交通企业管理的主要内容。

> **模块准备**

国内外城市轨道交通运营企业的运营模式、运营状况等的相关案例；国内外城市轨道交通运营企业的运营管理的具体内容、运营管理部门的具体管理工作的资料等。

> **理论知识**

单元一　城市轨道交通运营管理特性

一　服务安全可靠性

城市轨道交通系统（网络）每天要面对数十万乃至数百万乘客，并负责将其从出发站输送到目的站，同时使每一位乘客在从购票乘车到下车出站的全过程中都感到满意，这是城市轨道交通运营的宗旨。因此，城市轨道交通运营企业必须在每一个环节都要为乘客提供优良的服务。

二　系统联动性

城市轨道交通系统建设和运营的目的是为乘客提供快速、安全、准时、舒适、便利的运输服务，使其能够便利地进站购票乘车、安全而舒适地旅行、快速而准确地到达目的地。

如何保证城市轨道交通系统30余项不同的专业设施、设备每天18～24h正常而协调地运行，是摆在城市轨道交通运营管理者面前的难题，其解决途径应该从基础入手，以目标为依据，结合时间、空间等因素，系统而协调地进行。

三　时空关联性

列车运行是根据乘客的出行需求安排的，大中城市要求高速度、高密度的列车运行来为市民出行服务，因此，城市轨道交通的运行速度要求为：市中心一般设计为35～40km/h，市郊可达60km/h以上城市轨道交通最小行车间隔一般为2min。

城市轨道交通系统的产品是人的位移，因此时间、空间观念显得尤为重要。由于时间和空间是城市轨道交通运营中不可"存储"的，一旦"失去"势必造成列车运行晚点，严重的甚至会发生事故。

下面用一个实例来说明时间、空间观念的重要性。某地铁区间隧道内供水管道漏水，检修单位派工作人员在甲站登记后进入隧道检修，登记的是甲站—乙站区间。6：00～6：30时，该维修员在甲站—乙站区间内未发现漏水管道，出于责任心，该其继续前往乙站—丙站区间检查，直到7：30时才在丙站出隧道。结果造成早班列车晚点20min。一般来说员工责任心强，应受到表扬，而该维修员由于时间、空间观念淡漠造成列车运行晚点，非但未获得表扬，反而因造成列车晚点受到了处分。这个案例充分说明了时间、空间概念在城市轨道交通运营企业的重要性。

四　调度指挥集中性

城市轨道交通系统是多专业多工种联合运行的巨系统，对时间、空间的概念要求很高，一旦发生故障，造成的后果及影响都很严重。因此，城市轨道交通运营系统需要严格的一体化统一调度指挥。控制中心（调度所）就是为此而设置的。

一条完整交路运行的城市轨道交通线路一般会设置一个调度所。调度所一般设于线路中车站附近。信号系统、供电系统、环控系统、主计算机及显示屏均设于调度所内。通信系统及自动售检票（AFC）系统一般也设于此。列车运行时，由行车调度员、电力调度员、环控调度员分别担任行车系统、供电系统及环控系统的调度指挥。

五　管理严格性

对城市轨道交通运营企业而言，技术管理的核心是规章制度，它是规范企业员工生产活动的行为准则，各岗位人员只有严格执行规章制度才能使规模庞大且技术复杂的系统有序、安全而高效地运转；反之，系统运转就会受到阻碍，从而降低效率，甚至发生事故，造成严重后果。

企业规章制度也是有层次的，如具有"企业宪法"性质的是"技术管理规程"（简称"技规"），其规定了城市轨道交通的运营宗旨、企业精神、技术规范、服务要求、管理规则、指挥系统等运营系统的规则及带有规律性的问题，以统领和规范列车运行和客运服务、检修保障系统的生产活动。

具有系统性规范性质的有"行车组织规则""客运组织规则""调度规则""安全规则""事故处理规则"，以及设备、设施的"运行检修规则"等。这些规则应该在"技规"原则的指导之下，在各系统设备技术基础上制定，以规范各系统的日常生产活动。

此外还有各专业、各工种、各单项作业的更为具体、详细的，针对性、操作性更强的技术管理方面的制度、办法等，如"车站管理细则"，各专业的具体规则、作业办法。

一系列的规章制度系统地涵盖了运营系统的每一个技术角落，使得日常的运营和故障的处理均有章可循，从而保证城市轨道交通系统这一庞大的联动运输机构的正常运行，更好地保证"城市动脉"的畅通和社会的发展。

总之，由两大系统组成的城市轨道交通运营体系是一个整体，是一个联合运输的大系统，其唯一宗旨就是"安全第一，乘客至上"。

单元二 城市轨道交通运营管理模式及其适用性

城市轨道交通运营管理模式在世界各国表现出多样化发展的趋势。由于世界各个大城市发展城市轨道交通的历史条件和经营环境不同，因此形成了各种各样的城市轨道交通运营管理模式。按资产属性及运营企业性质划分，世界城市轨道交通的运营管理模式主要可分为以下4种。

一 官办官营模式

1. 无竞争条件下的官办官营模式

（1）特点。

线路为政府所有，由一家单位独家经营，或由两家以上单位按行政区域划分经营范围。运营者由政府指定，政府给予相应的补贴。

以地铁为例，伦敦、纽约、北京、广州、柏林、巴黎的地铁运营管理都属于这种模式。

欧美国家多采用无竞争条件下的官办官营管理模式，主要是因为欧美国家的城市轨道交通客流密度比较低，系统少有盈利的可能性。这些大城市一般由非盈利性的公共团体代表政府管理城市轨道交通；票价带有极大的福利性，运营收入不能抵偿运营成本，主要靠补助金支持日常开销。

（2）案例。

纽约的地铁系统由纽约市运输局（MTA）管理。MTA是纽约州政府的下属机构，负责管理纽约市内的公共交通系统。MTA 的董事会成员基本都由纽约州政府指定，其余由纽约市市长或郊区各县的官员指定。自 1950 年以来，纽约的所有城市轨道交通系统的资金补助都来自市政府、州政府和联邦政府的拨款；总拨款占运营费用的 65%，不足的部分由州和联邦政府补贴，运营所需的资金由税收收入补贴。

2. 有竞争条件下的官办官营模式

（1）特点。

线路为政府所有，由两家或两家以上的运营单位通过招标方式获得经营权。

该模式是一种带有计划性质的市场竞争。在此模式下，政府作为业主给企业的补助较为优厚。官办性质的企业不能过分重视盈利，所以票价带有福利性。但是由于创造了一定的竞争环境，客观上提高了企业的主观能动性。

（2）案例。

韩国首尔采用了这种模式。首尔的城市轨道交通系统由政府出资修建，并委托国有企业运营。在同一个城市内有两家以上的城市轨道交通运营企业时，它们将通过招投标的方式获得新线路的建设及经营权。

首尔的城市轨道交通网络包括首尔地铁和首尔铁路两部分，分别由首尔地铁公司（SMSC）、首尔快速城市轨道交通公司（SMRT）和韩国国家铁路公司（KNR）三家国有公司运营。地铁企业从运输税务系统得到补助金，但每年仍有亏损。燃料税是运输税务系统资金的主要来源。为弥补亏损，市政府不得不注入额外的资金发行债券。地铁企业获得不动产和注册方面是免税的，也不用缴纳公司所得税、城市建设税和营业税。

二 官办民营模式

1. 官办半民营模式

（1）特点。

线路为政府所有，交由政府股份占主导的上市公司经营。

（2）案例。

香港地铁的运营管理采用这种模式。香港地铁公司是一家上市公司，它的第一大股东为香港特区政府。虽然是市场化运作，但是香港特区政府为香港地铁公司提供担保，从多个方面参与地铁公司的经营。因此，香港地铁公司不能算是完全民营的模式，只能算作"半民营"。

香港特区政府委任有关人员组成香港地铁公司董事局后，使其按商业原则运作，政府主要靠法律手段规范市场主体的行为。2000 年，香港特区政府又对香港地铁公司进行股份制改造，让高层主管及员工持股。该公司 10% 的股份已通过上市私有化。

2. 官办全民营模式

（1）特点。

线路为政府所有，交由民间股份公司占主导地位的上市公司经营。

（2）案例。

新加坡的地铁运营管理属于这种模式。新加坡快速城市轨道交通公司负责新加坡地铁的运营，公司的最大股东为一家私人企业。新加坡交通运输部拥有城市轨道交通的所有权和建设权,并承担建设费用。

新加坡国土运输局(LTA)是新加坡城市轨道交通系统的建设者和所有者,同时还是运输规则的制定者。它制定运输规则,确保系统的正常运营。LTA 通过与新加坡快速城市轨道交通公司(SMRT)签订租借合同,授予 SMRT 地铁线路的经营权,并对 SMRT 的运输行为进行约束。

新加坡地铁采用将建设和运营分开的管理模式,所有线路都在国土运输局建设完成以后交由运营公司使用。主要特点有:①地铁作为福利由政府负担建设费用;②淡化运营公司的职能,运营公司无线路的所有权,政府不干涉运营收入也不对运营开支进行补贴;③运营公司完全民营,第一大股东为私人投资公司;④由政府指定运营水平和规则,以保证城市轨道交通的公共福利性质。

三 公私合营模式

1. 特点

公私合营模式,即多种经济成分构成的模式。线路归政府和地方公共团体所共有,同样由政府和地方公共团体共同组织人员经营。

2. 案例

东京的城市轨道交通系统很早就引入了多种经济成分。例如有政府投资、商业贷款、民间投资、交通债券等多种形式,充分开拓了融资渠道。

以帝都高速交通营团(TRTA)为例,它的资本金由日本政府和东京都政府分摊,运营补助金 50% 以上来自地方公共团体,贷款来自政府的公共基金、运输设备整备事业团的无息贷款、民间借入金和交通债券等。政府对帝都高速交通营团的控制在于对高层人员的任免(董事长由东京都政府任命)。帝都高速交通营团的管理委员会是真正的实权机构,它决定收支预算、营业计划和资金计划等。管理委员会共有 5 名成员,其中 4 名由国土交通局任命,1 名由出资的地方公共团体推荐。

四 私办私营模式

1. 特点

线路由私人集团投资兴建,由私人集团经营,政府无权干涉私人工作。

2. 案例

曼谷轻轨的建设和运营由一家私人企业控股的公司——曼谷大众交通系统公共有限公司(BTS)负责。泰国政府通过合同形式对轻轨建设和运营以及 BTS 的股本结构进行约束(如特许经营协议规定),票价范围为 10~40 泰铢。

这种模式能最大限度地激发私人投资者的兴趣,但在票价、线路走向等关键问题上,政府与私人投资者不可避免地会发生冲突,政府难以保证城市轨道交通作为公共福利事业的本质。城市轨道交通的投资回收期长,私人投资者要有在头几年亏损的情况下偿还贷款利息的心理准备。这种模式会激发私人投资者严格控制建设和运营成本。

总体而言,西方国家城市的轨道交通线路几乎都是归国家政府或市政府所有,由政府机构直接运营或是交给公有性质的企业运营;而东方国家城市的轨道交通线路情况则比较复杂。

五 不同模式的适用性

通过上述分析发现，城市轨道交通的运营管理模式在世界各国呈现出多样化的格局。不同的管理模式是在不同的社会环境下发展起来的，在具体选择时应立足城市实际状况，设计和选择适应具体城市的管理模式，以利于城市轨道交通持续、健康、稳定地发展。不同模式均存在自身的优势与不足，且有自己的适用范围。

（1）强调城市轨道交通"福利性质"的城市如纽约、新加坡，政府承担了过多的责任，都存在后续投资困难的危机；在重视盈利性的城市如曼谷，难以保证城市轨道交通项目本身的有序发展；而在香港、东京、首尔，城市轨道交通发展已逐渐走上良性循环之路，城市轨道交通的福利性和盈利性得到了较好的融合，基本上能够自给自足，以线养线，政府的角色也在逐渐淡出。

（2）客流量和线路类型是影响城市轨道交通运营管理模式的重要依据。结合世界主要大城市轨道交通的客流强度（表1-1）进行分析，可以初步得出如下结论。

城市轨道交通客流强度［万人次/(km·日)］　　　　表1-1

城市	伦敦	巴黎	纽约	柏林	香港	首尔	东京	曼谷	新加坡	上海
客流强度	0.64	1.54	0.8	0.77	2.86	1.75	2.87	1.7	1.3	1.64

①当客流强度在0~1.5万人次/(km·日)时，城市轨道交通系统缺乏盈利所需的必要客流，因此需要在政府的扶持下存活。这种类型的城市轨道交通系统适用官办官营的管理模式。

②当客流强度在1.5万~2.5万人次/(km·日)时，城市轨道交通系统基本具备维持运营成本所需的客流且能略有盈利，因此可考虑采用有竞争条件下的官办官营模式、公私合营模式、官办半民营模式。

③当客流强度达到2.5万人次/(km·日)以上时，可采用官办半民营、官办民营模式。

④当城市轨道交通系统的业主（政府）独自承担建设费用，而不从运营收入中抵扣时，若客流强度大于1万人次/(km·日)时，就可尝试官办民营的管理模式。

⑤考虑到市中心地区修建城市轨道交通的成本和物业开发的难度较高，市中心区城市轨道交通线路不宜采用私办私营的管理模式，必须有公共资本参与。私办私营的模式最好用于市郊铁路。在市郊铁路条件下，客流强度达到1.7万人次/(km·日)以上时就可采用私办私营模式。

单元三 城市轨道交通运营管理工作的目标与主要内容

城市轨道交通运营企业不但要提供良好的乘车环境，而且要有配套完善的基础设施和保障机制。为了稳定有序地进行运输生产，在城市轨道交通运营过程中要求企业人员合理分工、信息安全畅通、客流组织有序、运营计划和设备维修养护计划制订周

详。城市轨道交通管理的目标就是通过对设施设备、人员、技术、信息进行有效组织利用与管理，有序完成日常工作，并能根据客流需求变化，及时调整运营策略，获取最佳效能。以下从安全管理、人力资源管理、运营管理、财务管理、信息化管理几个方面对城市轨道交通管理工作内容进行介绍。

一 安全管理

1. 安全在城市轨道交通中的意义

所谓城市轨道交通安全，是指不发生行车、客运、人身伤亡，火灾、爆炸，设备设施故障等事故。安全在城市轨道交通中的意义主要有以下几个方面。

（1）安全是城市轨道交通运营生产的头等大事。

在运输过程中，必须保证运输对象安全无损，安全是运输产品的首要质量特性。因此，运输生产和经营的性质决定了安全是运输生产的头等大事。同理，城市轨道交通的安全也是运营生产的头等大事。

（2）安全是实现效益的保证。

从城市轨道交通行业的角度讲，如果发生事故，不仅会使运营企业本身的经济效益受损，同时也会使企业形象受损，换言之，是使其无形资产受损，直接的或间接的经济损失将是很严重的，甚至影响到社会的稳定。所以，从某种意义上说，没有安全就没有效益。因此，安全是实现效益的保证。

（3）安全管理在有轨交通行业受到普遍重视。

新加坡地铁设四大部门：运营部、设备部、财务部、安全部。从机构的设置上可以看出新加坡对安全工作的重视程度。东京地铁有专门的安全防灾研究室，北京地铁有安全监察室，上海地铁有运营安全部。可见，安全管理在城市轨道交通行业都有常设机构或部门，名称虽各不相同，但职能都大同小异。

2. 安全管理的途径

由于安全工作的特殊性和重要地位，必须加强对其的管理力度。一般来说，城市轨道交通行业都有专门机构从事安全管理，并且有相应的管理网络，在最高层设安全委员会，由行政最高领导担任委员会主任。如北京地铁、上海地铁都是由公司总经理担任委员会主任。

安全管理网络具有一定的层次性，每层次的安全目标要依靠下一层次的共同努力来达到，层层分解，最后到基层单位、车间、班组。事实上安全管理网络的形式表现了安全管理的途径是通过行政、经济、教育、法律等手段来实现的。

二 人力资源管理

人力资源管理是对人力资源的获得、整合、调控、开发进行的综合管理。

1. 人力资源管理的基本过程

人力资源管理的目的是"吸引、挽留、激励和提高"企业所需的人力资源。人力资源管理的过程是从获得、整合、调控和开发4个目的演化而来的。

（1）获得：对组织成员进行招聘、选拔与委任。

（2）整合：使分散的组织机构中的不同层次、不同部门、不同岗位和不同地区的组织成员建立和加强对组织目的的认识和相应的责任感。

（3）调控：考核组织成员的工作绩效，并做相应的升迁、降级、解雇等决策。

（4）开发：有针对性地对组织成员进行培养，夯实其日后进一步发展的基础，并指导其今后的发展方向。

2. 职位分析

职位分析是人力资源管理过程的起点和核心。职位分析能确定企业每一个岗位所应有的权利和责任以及任职资格，为人力资源的获得明确要求，为激励制定目标，为调控提供标准，为开发提供方向。

（1）职位分析的含义。

职位分析是全面了解一项职务工作的活动，是对担任该项职务的人员的工作内容、应负责任及任职资格进行研究和描述，最终形成职务说明书的过程。

具体来说，职位分析就是对某种职务从6个方面——工作内容（What）、工作人（Who）、工作岗位（Where）、工作时间（When）、工作方法（How）、工作目标（Why）进行调查研究，然后对该职务进行书面描述的过程。

职位分析是企业人力资源管理过程中起核心作用的要素，是人力资源管理工作的基础，只有做好了职位分析工作，才能顺利地进行人力资源管理。因此，职位分析一般应由企业高层领导、典型职务代表、人力资源部门代表、职位分析专家和顾问共同组成工作小组或委员会，协同完成此项任务。

（2）职位说明书实例。

职位说明书——值班站长。

本说明书适用于地铁车站值班站长。

职务范围：

①加强班组管理，检查督促本班员工"两纪一化"（劳动纪律、作业纪律、标准化作业）执行情况。

②执行分公司的相关规章制度，做到有令必行，有禁必止。

③掌握列车运行情况，安排车站行车组织工作。

④加强票务管理，负责车站的车票、现金安全及票款的解行。

⑤接待乘客的来访来电，做好车站客运服务工作，妥善处理各类服务纠纷。

⑥组织全站员工处理事故，恢复车站正常运作。

⑦负责本班组车站值班员、站务员的岗位实操、技能培训工作。

⑧正确规范填写车站的各类台账资料并及时上报。

⑨做好车站综合治理工作，并积极配合和协调各相关部门的关系。

⑩负责车站环控设备、SC的操作。

⑪负责车站开关站的工作。

⑫完成上级领导临时交办的工作。

三 运营管理

我国城市轨道交通企业须遵守《城市轨道交通运营管理规定》（交通运输部令2018年第8号）的要求。以下选取运营管理的几个主要内容进行介绍。

1. 调度指挥管理

调度指挥工作是城市轨道交通系统的核心，它由调度控制中心实施，实行调度集中，统一指挥，使各个环节协调运作，保证列车安全、正点运行。在调度机构内，设有电力调度、行车调度、环控调度、维修调度等调度工种。因国内各地管理模式不同，调度指挥的管理结构各不相同。以沈阳地铁为例，调度指挥结构如图1-1所示。

《城市轨道交通运营管理规定》

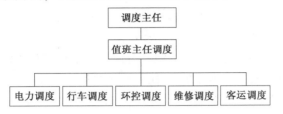

图1-1 沈阳地铁调度指挥结构图

2. 车站管理

车站是城市轨道交通系统的重要组成部分，是企业与服务对象的主要联系环节。车站管理的核心任务是安全、迅速、方便地组织客流集散，并做好行车组织工作。车站管理模式采用值班站长负责制，负责当班期间车站的行车、客运、票务、卫生等工作。因国内各地管理模式不同，车站管理结构各不相同。以沈阳地铁为例，车站管理结构如图1-2所示。

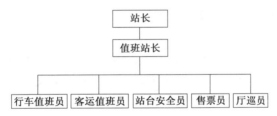

图1-2 沈阳地铁车站管理结构图

3. 票务管理

城市轨道交通运营收入主要是票款收入，做好票务管理工作有利于城市轨道交通发展进入良性循环的轨道。票务管理工作的核心是制定票制、票价和售票管理。城市轨道交通的票制有单一票价制、分段计程票价制和综合票价制。票价制定要根据城市轨道交通运营成本、其他交通方式票价水平、城市经济发展和市民生活水平等因素综合考虑。售检票方式主要有人工售检票方式和自动售检票方式。人工售检票方式设备投资少，但需要较多人员。随着经济和技术的发展，越来越多的城市轨道交通采用了自动售检票系统。它不仅可以方便乘客、减少运营人员和运营成本，而且也对客流组织、收入审核、决策分析起着重要作用。目前已成为现代化城市轨道交通的一个标志。

4. 乘务管理

1）乘务管理的重要意义

城市轨道交通列车乘务员指的是电动列车司机，处于城市轨道交通运营的第一线，肩负着行车安全的主要责任。因此，如何合理安排乘务员的作息时间、制定值乘方案、分配人员、教育培训及安全监督显得尤为重要。这些管理制度和措施的制定不仅要与实际运营相结合，而且要有一定的科学依据作保障，做到在人员精简高效的同时还要确保运营的安全。

2）乘务员值乘方式

（1）包乘制。包乘制是指列车的值乘乘务员固定由若干个乘务员包乘包管。包乘制具有以下特点：

①司机对自己包乘列车的车况、性能比较了解，有利于司机对列车进行保养及维护。
②司机与列车相对固定，便于管理和监督。
③运营列车相对固定，不宜频繁更换。
④作业人员较多，司机配备比轮乘制多。
⑤对运营列车运行表的编排要有计划、有规律，备车和计划修车调配要求应合理。

（2）轮乘制。轮乘制是指列车的值乘乘务员不固定，由各个乘务员轮流值乘。轮乘制具有以下特点：

①由于采用轮乘制，司机配置人数可减少到最小程度。
②司机值乘时一人工作，对司机的要求较高。
③不利于列车保养，值乘人员对列车性能不熟悉，需制定措施强化值乘要求。

3）国内城市轨道交通常用值乘方式

国内地铁目前常用值乘模式基本采用轮乘的方式进行，目的是精减人员，提高效率。随着城市轨道交通的进一步发展、自动化程度的不断提升，更加科学、合理的值乘方法将不断出现。由于每条运营线路条件不同，所以上述对电动列车司机值乘方法的设想可根据企业实际情况进行调整设置。

5. 运营设备维修管理

运营设备维修管理是运营管理的重要组成部分。它的任务是保证各项设备系统以良好的状态投入运营。只有提高系统的可靠性，减少故障发生，保证运行畅通，才能充分发挥城市轨道交通安全、快捷的优越性。

（1）设备维修方式。

设备维修方式是制定设备维修管理方法的基础。设备维修一般有全部外协、全部自修和部分外协3种方式。全部外协是指将设备系统所有级别修程的维护、检修委托给一个有经验的企业进行，自己只从事管理协调和监督工作。全部自修是指运营公司设置独立且较为完整的设备维修设施，所有设备维修任务均自行完成。部分外协是指将部分通用的设备委托给专业维修企业或制造厂进行维修和保养，或将设备系统较高等级的修程委托给专业企业进行，自己建立一支精练的维修队伍，主要负责日常养护维修工作及临时性应急抢修工作。

（2）管理工作的开展。

由于运营设备管理工作具有阶段性特征，因此在城市轨道交通设计过程中就要进行前期管理。这个阶段工作的主要内容包括设备的功能、操作方式、安装和维护要求等。因此，城市轨道交通运营管理部门的工作要向建设管理渗透，在工程建设的同时充分考虑运营管理的要求，以便为今后的运营管理打下良好的基础。

四 财务管理

城市轨道交通企业由于其特有的公益性，在资金筹集、票价制定、投资决策等方面受到一定的限制，不能以企业价值最大化为决策的主要依据。所以，城市轨道交通企业只有通过加强内部的财务管理来提高自身的生存和获利能力，使企业得以发展。财务管理主要包括以下几方面内容。

1. 筹集资金的管理

为了组织企业的生产运营，首先必须筹集一定的资金，垫支于生产过程。资金的垫支特点决定了筹集资金是企业财务活动的第一环节，是财务管理的首要内容。

2. 分配、运用和调度资金的管理

城市轨道交通企业从外部筹集到的资金，只有实际运用到企业生产运营过程中去，方能发挥其作用。然而，企业所筹集的资金，必须经过适当地分配，才能运用于生产过程的各个方面。

3. 补偿资金的管理

补偿资金的管理包括两个方面：一是努力控制生产运营支出，节约成本，降低消耗水平，从而降低运营成本；二是要保证消耗的资金得到及时足额的补偿。前者的目的是提高所得与所费的比率，后者的目的是实现资金的正常良性循环。

4. 积累与集中资金的管理

企业在一定时期内实现的利润总额，首先应按税法计算和缴纳所得税，或上缴利润，扣除了应缴所得税或应缴利润后的净利润再在企业内部进行分配。企业应根据自身发展的需要和股利政策，来组织资金的积累，增加企业的自有资金。此外，企业为了加快发展速度，还应适时地从外部集中资金。

五 信息化管理

1. 信息化管理的内容

城市轨道交通作为现代化交通行业，其车辆、通信、信号、票务等系统均有自己独立的计算机控制和管理系统。建立有效的网络信息系统，开发和利用网络信息资源，充分发挥各自系统的优点，有利于更好地进行企业管理，树立良好的企业形象，为企业带来巨大的经济效益。

（1）建立企业内部网，制定企业信息发布计划和策略。

（2）组织企业的信息资源，确立发布的信息资源结构。

（3）信息资源网络化管理的特点。信息组织形式从顺序的、线性的方式转变为电子计算机直接的、网状组织形式；信息存储形式从单一媒体走向多媒体，从模拟信号转变为数字信号，使信息的存储、传递和查询更加方便。

（4）企业信息化的主要任务。

①建立企业信息基础设施。

②建立信息资源管理标准，做好信息组织工作。

③按信息资源管理标准开发企业集成信息系统。

2. 信息资源与运营管理

信息资源管理的功能就是协调和控制信息的运动，以信息活动中的各要素（包括信息、设备、机构、技术、人员、资金、体制等）作为管理对象，保证信息资源的合理运行，使有效信息被最大限度地利用。

模块学习任务

学习任务一

根据给定的城市轨道交通运营管理的基本资料，分析其运营管理模式，并能分析其优缺点，提出改进措施。

任务实施方法：

（1）教师给定相关背景资料，如不同城市轨道交通运营公司的运营管理的背景资料。

（2）学生根据所学理论知识及教师提供的背景资料，分析其运营管理模式，并分析其优缺点。

学习任务二

根据给定的城市轨道交通运营公司的基本运营状况资料，分析其运营经济状况，并提出改进措施。

任务实施方法：

（1）学生自主搜集不同城市轨道交通运营公司的运营经济状况资料，如总收入、收入构成、政府补贴等。

（2）学生根据所学理论知识及背景资料，分析其运营经济状况，并提出相关改进措施。

拓展与提高

上网或通过其他途径了解国内外城市轨道交通企业的运营管理的相关信息，思考并比较国内与国外城市轨道交通企业的运营管理状况的异同点。

实践训练

组织学生去城市轨道交通企业进行现场参观与学习，并请企业管理人员讲解企业运营管理的主要内容、组织结构及部门构成等。

思考题

1. 描述城市轨道交通系统不同的运营管理模式的特点，并列举代表城市。
2. 简述城市轨道交通系统的主要运营特性。
3. 试述某城市轨道交通企业运营状况。
4. 试述城市轨道交通企业运营管理目标及运营管理的主要内容。
5. 试述不同乘务员值乘方式的利弊及使用条件。

实训任务

请扫描二维码，查阅本模块实训任务相关内容。

模块一实训任务

模 块 二

城市轨道交通客流调查与分析

（1）客流概述；
（2）客流调查与预测；
（3）客流分析。

模块任务

（1）掌握客流的基本概念及不同客流类型的概念；
（2）简要说明影响客流的基本因素；
（3）简要说明客流调查的基本内容；
（4）描述客流预测的基本方法；
（5）能够分析客流在时间与空间分布上的特征。

国内外城市轨道交通运营公司的客流调查、客流预测的相关案例，国内外城市轨道交通运营公司的客流资料等。

理论知识

客流是规划城市轨道交通线网及线路走向、选择城市轨道交通制式及车辆类型、安排城市轨道交通项目建设顺序、设计车站规模和确定车站设备容量、进行项目经济评价的依据，也是城市轨道交通安排运力、编制列车开行计划、组织日常行车和分析运营效果的基础。

单元一　客流概述

一　客流的概念

1. 客流

客流是指在单位时间内，城市轨道交通线路上乘客流动人数和流动方向的总和。

客流的概念既表明了乘客在空间上的位移及其数量,又强调了这种位移带有方向性和具有起讫位置。客流可以是预测客流,也可以是实际客流。

2. 分类

(1) 客流根据时间分布特征可分为全日客流、全日分时客流和高峰小时客流。

全日客流是指全日的总客流。

全日分时客流是指全日各小时的客流。

高峰小时客流是指高峰期各小时的客流。

(2) 根据客流的空间分布特征可分为断面客流与车站客流。

断面客流是指通过城市轨道交通线路各区间的客流。

车站客流是指在城市轨道交通车站上、下车和换乘的客流。

(3) 根据客流的来源可分为基本客流、转移客流和诱增客流。

基本客流是指城市轨道交通线路既有客流加上按正常增长率增加的客流。

转移客流是指由于城市轨道交通具有快速、准时、舒适等优点,使原来经由常规公交和自行车出行转移到经由城市轨道交通出行的这部分客流。

诱增客流是指城市轨道交通线路投入运营后,沿线土地开发、住宅区形成规模、商业活动频繁所诱发的新增客流。

3. 不同客流的概念

(1) 断面客流量。

在单位时间内,通过城市轨道交通线路某一断面的客流量称为断面客流量。单位时间通常是1h或全日。显然,通过某一断面的客流量就是通过该断面所在区间的客流量。

断面客流量分为上行断面客流量和下行断面客流量,计算公式如下:

$$P_{i+1} = P_i - P_下 + P_上 \tag{2-1}$$

式中:P_{i+1}——第 $i+1$ 个断面的客流量,人次;

P_i——第 i 个断面的客流量,人次;

$P_下$——在车站下车人数,人次;

$P_上$——在车站上车人数,人次。

(2) 最大断面客流量。

在单位时间内,通过城市轨道交通线路各个断面的客流量一般是不相等的,其中的峰值称为最大断面客流量。城市轨道交通线路上、下行方向的最大断面客流量不一定在同一个断面上。

(3) 高峰小时最大断面客流量。

在以小时为时间单位计算断面客流量的情况下,全日分时最大断面客流量一般是不相等的,其中的峰值称为高峰小时最大断面客流量。城市轨道交通的高峰小时一般出现在早晨和傍晚,称为早高峰小时和晚高峰小时。

高峰小时最大断面客流量是决策是否需要修建城市轨道交通、修建何种类型城市轨道交通,确定车辆形式、列车编组、行车密度、运行车配置数和站台长度等的基本依据。

(4) 车站客流量。

车站客流量包括全日、高峰小时和超高峰期在城市轨道交通车站上、下车和换乘的客流量，以及经由不同出入口、收费区的进出站客流量和不同方向的换乘客流量。超高峰期是指在高峰小时内存在一个15～20min的上、下车客流特别集中的时间段。

车站高峰小时和超高峰期客流量决定了车站的设计规模，是确定站台、售检票设备、自动扶梯、楼梯、通道、出入口等车站设备容量或能力的基本依据，如站台宽度、售检票机数量、楼梯与通道宽度等。

4. 客流与客运需求

需求是指人们对于某种物质或精神目标获得满足的愿望。在经济学意义上，对商品和服务的需求受到社会经济条件的制约，必须建立在有购买能力的基础上。城市客运需求是指人们在城市中实现位移的愿望，同样，它也应建立在有能力支付交通服务价格的基础上。因此，客运需求是位移欲望和购买能力的统一。如果说客运需求是潜在的客流，那么客流就是实现了的客运需求。

客运需求具有以下4个方面的特性：

（1）广泛性。与其他商品和服务的需求相比，客运需求是一种广泛性的需求，城市的各项功能活动都不可能离开它而独立存在。

（2）派生性。客运需求是一种派生性需求，因为在绝大多数情况下，乘客实现位移的目的往往不是位移本身，而是通过空间位移来满足工作、生活或娱乐方面的需求。正是由于客运需求是一种非本源性的需求，决定了部分客运需求的满足在空间和时间上的弹性以及可以被部分替代的特点，如乘客可以选择迂回路径或避开交通高峰期，现代通信手段的发展减少了城市中人员的流动等。

（3）时间性。客运需求按一周内的工作日和双休日、一天内的各个小时有规律地变化，客运需求的这种时间特性是城市公共交通系统规划设计和运输组织的基本依据之一。

（4）空间性。客运需求的空间性是指潜在的客流在方向上、线路上、车站间分布的不均衡。这种不均衡主要是由城市各区域的土地使用和功能活动不同所决定的。但城市交通网的布局、线路通过能力、交通服务价格与质量也是构成城市中的出行在空间分布上不均衡的原因。

二 影响客流的因素

影响客流的因素包括经济和非经济两方面，概括起来主要有：土地利用、城市布局发展模式、人口规模、社会经济发展水平、客运服务及替代服务的价格与质量、政府的交通运输政策、交通网的规模与布局、私人交通工具的拥有量等。

1. 土地利用因素

（1）土地的用途，涉及城市各区域功能的定位。

（2）在用地上建造的建筑类型，与在用地上进行的社会经济活动类型有关。

（3）土地的利用状况，与在用地上进行的社会经济活动的强度有关，如人口、就业、产量等。

土地利用与客流的关系是"源"与"流"的关系，城市各区域功能的定位决定了出行活动及出行流量、流向。此外，土地利用规划对城市布局发展模式有着重要的影响，在城市由单中心布局发展到单中心加卫星城镇布局，又进一步发展到多中心布局的过程中，通常伴随着客流的大幅增长。

2. 人口规模

出行量与人口规模、出行率存在密切的关系，因此除了分析常住人口、暂住人口和流动人口的数量外，还应分析人口的年龄、职业、出行目的、居住区域等特征。根据出行调查资料，不同人群的出行率存在差异，一般规律是：常住人口中，中青年人群的出行率高于幼年与老年人群的出行率，上班上学人群的出行率高于退休人群的出行率，市区人口的出行率高于郊区人口的出行率；暂住人口、流动人口中，旅游人群的出行率高于民工人群的出行率；另外，流动人口的出行率高于常住人口的出行率等。

3. 客运服务及替代服务的价格与质量

票价是影响客流的重要因素，但票价对客流的影响与收入水平对客流的影响是综合产生作用的。票价与收入有4种可能的组合，其中低收入、高票价对客流的吸引最不利。市民的消费能力与收入水平直接相关，城市轨道交通的客源主要来自中、低收入人群，而中、低收入人群对票价的变动比较敏感，当城市轨道交通票价支出占收入水平的比例较大时，选择城市轨道交通方式出行的客流就会下降。1996年，北京地铁票价由0.5元调整为2元，与1995年相比客运量下降20.4%，1999年，类似的情形也发生在上海，由于票价调高，城市轨道交通1号线的客运量比上一年下降了13.4%。在分析票价对客流的影响时，还应注意到乘客会权衡各种出行方式的票价高低及性价比来选择出行方式。在收入水平一定的情况下，只有在城市轨道交通的性价比高于其他出行方式或替代服务的性价比时，城市轨道交通才具有吸引客流的优势。

4. 城市轨道交通服务水平

评价城市轨道交通服务水平的指标主要有列车频率、运送速度、列车正点率、舒适便利和乘客安全等。在收入水平逐渐提高、可选择出行方式增多的情况下，服务水平成为市民选择出行方式时主要考虑的因素，因此服务水平是影响客流及潜在客运需求的关键因素。

5. 政府的交通运输政策

大城市确立以公共交通为主、个体交通为辅的交通运输政策，优先发展公共交通、大力发展城市轨道交通、控制自行车与私人汽车的发展，对引导市民利用公共交通与城市轨道交通出行有重要意义。而要实现这一交通运输政策，首先应加快公共交通设施的建设，如提高城市轨道交通线网的密度、建成大型换乘枢纽等；其次是优化现有交通资源，如完善城市轨道交通与常规公交、自行车、私人汽车的衔接换乘，减少与城市轨道交通线路走向重复的常规公交线路等。2001年，上海因打浦路过江隧道能力饱和，取消了几条经隧道开往浦东的常规公交线路，为引导乘客乘坐城市轨道交通2号线过江，推出了在黄浦江两侧乘坐地铁4站以内，优惠票价为1元的调控措施，从而使城市轨道交通2号线增加了大批客流。

6. 交通网的规模与布局

多层次的城市轨道交通线网、合理的线路布局及走向和功能完善的换乘枢纽对实现城市中心区45min交通圈、增大城市轨道交通对出行者的吸引力、提高城市轨道交通在公共交通中的运量分担比例有着重要的作用。此外，从土地利用与运输系统互动、运输需求与运输供给互动的角度，国外学者提出了通过建设交通运输走廊来推动车站周边地区土地开发利用的交通导向开发（TOD）规划模式。由于城市轨道交通具有运能大、速度快、能源消耗和空气污染低的优势，TOD 规划模式在轨道交通建设领域得到了较多应用。国外研究发现，根据车站附近地区的土地利用情形不同，TOD 规划模式可降低小汽车流量 5%～20%，而城市轨道交通的客流则相应增加。

7. 私人交通工具的拥有量

在客运需求一定的情况下，利用私人交通工具出行人数越多，则通过公共交通出行人数就越少。2000 年后，一些大城市的私人汽车拥有量快速增长，如上海市 1999 年的载客私人汽车拥有量只有 2.14 万辆，到 2003 年已达到 22.44 万辆。私人汽车拥有量的快速增长使道路交通因拥挤而处于行车难的状态。在发展个体交通还是发展公共交通的问题上，国外的经验教训值得借鉴，西方国家大城市过去曾经对私人汽车的发展不加控制，结果在破坏城市生态环境的同时，出现了严重的道路拥挤和出行难问题，最后不得不又转向发展公共交通和城市轨道交通。因此，从优化出行方式结构、提高公共交通的客运比例的角度出发，应有序控制自行车与私人汽车的发展。在出行的快捷、方便和舒适方面，私人汽车出行无疑是优于公共交通出行的，但私人汽车的发展应考虑道路网能力是否适应，不能以降低大部分市民的快捷、方便和舒适为代价。对私人汽车的使用，应通过经济杠杆进行适度控制，鼓励并创造条件让私人汽车使用者以停车—换乘方式进入城市中心区。

单元二　客流调查与预测

一　客流调查

为了掌握客流现状及其变化规律，必须经常进行各种形式的客流调查，因此客流调查是城市轨道交通日常运营活动的组成部分。

客流调查涉及内容、地点和时间的确定，调查表格的设计、调查设备的选用和调查方式的选择，以及调查资料的汇总整理、指标计算和结果分析等多方面问题。

1. 客流调查种类

（1）全面客流调查。

全面客流调查是对全线客流的综合调查，通常也包含了乘客情况抽样调查。

这种类型的客流调查时间长、工作量大，需要配备较多的调查人员。但通过调查及对调查资料进行整理和统计分析，能对客流现状及其变化规律有一个全面清晰的了解。

全面客流调查有随车调查和站点调查两种调查方式。随车调查是在列车车门处对运营时间内所有上下车乘客进行写实调查；站点调查是在车站检票口对运营时间内所有进出站乘客进行写实调查。轨道交通全面客流调查基本上都是采用站点调查。

全面客流调查一般应连续进行两三天，在运营时间内，调查全线各站所有乘客的下车地点和票种情况，并将调查资料以 5min 或 15min 为间隔分组记录下来。

（2）乘客情况抽样调查。

抽样调查是用样本来近似地代替总体，这样做有利于减少客流调查的人力、物力和时间。

乘客情况抽样调查通常采用问卷方式进行，调查内容主要包括乘客构成情况和乘客乘车情况两方面。

乘客构成情况调查一般在车站进行。调查内容包括年龄、性别、职业、家庭住址和出行目的等。该项调查的时间可选择在客流比较正常的运营时间段。乘客乘车情况调查的安排视调查对象及调查内容的不同而不同。调查内容除年龄、性别和职业外，还可包括家庭住址和家庭收入、日均乘车次数、上车站和下车站、到达车站的方式和所需时间、下车后到达目的地的方式和所需时间、乘坐轨道交通列车后节省的出行时间以及对现行票价的认同度等。

（3）断面客流调查。

断面客流调查是一种经常性的客流抽样调查，根据需要，可选择一个或几个断面进行调查，一般是对最大客流断面进行调查。调查人员可采用直接观察法调查车辆内的乘客人数。

（4）节假日客流调查。

节假日客流调查是一种专题性客流调查，重点对春节、元旦、国庆节、双休日等节日期间的客流进行调查。

调查的内容包括机关、学校、企业等单位的休假安排，城市旅游业、娱乐业的发展程度，市民生活方式的变化等。该项调查一般通过问卷方式进行。

2. 客流调查统计指标

客流调查结束后，对客流调查资料应认真汇总整理，列成表格或绘成图表，计算各项指标，并将它们与设计（预测）数据或历年调查数据进行比较，分析数据增减的比例及原因。轨道交通全面客流调查后应计算的主要指标如下。

（1）乘客人数。

乘客人数包括：分时与全日各站上下车人数、分时与全日各站换乘人数、各站与全线高峰小时乘客人数、各站与全线全日乘客人数、高峰小时乘客人数占全日乘客人数的比例。

（2）断面客流量。

断面客流量包括：分时与全日各断面客流量、分时与全日最大断面客流量、高峰小时最大断面客流量。

（3）乘坐站数与平均乘距。

乘坐站数与平均乘距包括：本线乘客乘坐不同站数的人数及所占百分比、跨线乘客乘坐不同站数的人数及所占百分比、平均乘车距离。

（4）乘客构成。

乘客构成包括：全线持不同票种乘客人数及所占百分比，不同车站按年龄、家庭住址和出行目的等统计的乘客人数及所占百分比，不同车站按三次吸引（通过步行、自行车、常规公交到站乘车）统计乘客人数及所占百分比，从不同距离以 3 种方式到达车站的乘客人数及所占百分比，耗费不同时间以 3 种方式到达车站的乘客人数及所占百分比。

(5) 车辆运用。

车辆运用包括：客车公里、客位公里、乘客密度、客车满载率和断面满载率。

①客车公里。

$$客车公里 = 客运列车数 \times 列车编组辆数 \times 列车运行距离 \tag{2-2}$$

②客位公里。

$$客位公里 = 客车公里 \times 车辆定员 \tag{2-3}$$

③乘客密度。

$$乘客密度 = \frac{客运周转量}{运营里程} \tag{2-4}$$

其中，客运周转量 = 客运量 × 平均运距。

④客车满载率。

$$客车满载率 = \frac{乘客密度}{车辆定员} \times 100\% \tag{2-5}$$

或：

$$乘客密度 = \frac{客运周转量}{运营里程} \tag{2-6}$$

⑤断面满载率。

$$断面满载率 = \frac{单向最大断面客流量}{客运列车数 \times 列车编组辆数 \times 车辆定员} \times 100\% \tag{2-7}$$

二 客流预测

1. 客流预测模式

(1) 非基于出行分布的客流预测模式。

将相关公交线路和自行车出行的现状客流向城市轨道交通线路转移，得到虚拟的城市轨道交通基年客流。然后根据相关公交线路的客流增长规律确定城市轨道交通客流的增长率，并据此推算城市轨道交通远期客流。这种客流预测模式又称为趋势外推客流预测模式。北京市的原复兴门—八王坟地铁线路、上海市的原新龙华—新客站地铁线路客流预测采用了此类预测模式。

趋势外推客流预测模式能较好地反映近期客流量的增长情况，但由于未考虑土地利用形态等客流影响因素，远期客流预测结果的精度较低，并且在预见未来出行分布变化上可靠性较差。该客流预测模式操作简单，常用于其他模式预测后的比较验证，或作为定性分析的辅助手段。

(2) 基于出行分布的客流预测模式。

以市民出行起讫点（OD）调查为基础，得到现状全方式出行分布，在此基础上预测规划年度的全方式出行分布，然后通过方式划分得到城市轨道交通的站间 OD 客流。这种客流预测模式包括出行生成、出行分布、方式划分与出行分配 4 个阶段，因此又称为四阶段客流预测模式或方法。上海轨道交通 3 号线、南京市的地铁南北线一期工程客流预测采用了此类预测模式。

四阶段客流预测模式以现状 OD 调查为基础，结合未来城市发展及土地利用规划，因此客流预测结果的精度较高。该客流预测模式对于基础数据的要求较高，操作复杂。此外，在城市发展未能按规划实现时，预测的客流分布就会存在较大的差异。近年来，国内许多城市的轨道交通客流预测采用了四阶段客流预测模式。但在实践中，各个建设项目在方式划分阶段的位置、预测模型及参数标定，以及交通规划软件选用等方面存在不同的情形。

（3）三次吸引客流预测模式。

三次吸引客流预测模式认为，可以确定一个城市轨道交通车站对客流的吸引范围，车站吸引范围是一个以车站为圆心、以合理地到达车站时间或到达车站距离为半径的圆形区域。在分析车站吸引范围内的土地利用性质，以及确定合理步行区与接运交通区的基础上，可以预测通过步行、自行车和常规公交 3 种方式到站乘车的人次，它们分别称为一次吸引客流、二次吸引客流和三次吸引客流，并可在车站客流量的基础上进一步推算线路的断面客流量。在西安市的城市轨道交通可行性研究项目中，采用了此类客流预测模式。

采用该客流预测模式，需要确定城市轨道交通车站客流吸引范围。根据莫斯科地铁的一项研究，在中间站到站乘客总数中，步行到站乘客约占 58%，利用接运交通到站乘客约占 42%。因此，确定车站客流吸引范围主要是确定一次吸引的合理步行区与三次吸引的合理接运区。研究认为，到达城市轨道交通车站的合理步行区应是以车站为圆心、半径为 600~800m 的区域；到达城市轨道交通车站的合理接运区应是以车站为圆心、半径为 2500~3000m 的区域。在有快速公交线路接运的情况下，合理接运区半径可以超过 3000m。此外，研究还指出，城市轨道交通终点站的合理接运区半径一般要比平均值大 30%~50%，在终点站上车的乘客中，利用接运交通到站的乘客比例较高，达到 55%。

2. 四阶段客流预测

四阶段客流预测包括出行生成、出行分布、方式划分与出行分配 4 个步骤，但在实际应用中，还存在只用 3 个步骤等情形。四阶段客流预测的一般流程如图 2-1 所示。

（1）出行生成。

出行生成阶段预测每一交通小区的出行生成量和出行吸引量。出行生成预测的基础资料是城市的远景人口和就业岗位数等预测数据，而这些数据又需根据远景土地利用规划得出。土地利用规划规定了土地的居住、工业和商业等用途，决定了各种用地上发生的社会经济活动的强度。根据土地利用规划，可以把交通规划的区域划分成许多交通小区，如图 2-2 所示。在已知各交通小区的居住人口数、就业岗位数以及家庭人口、收入和私人交通工具拥有量特征等数据的基础上，来预测各个交通小区的出行生成量和出行吸引量。

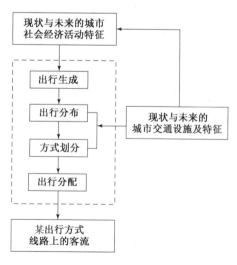

图 2-1 四阶段客流预测的一般流程

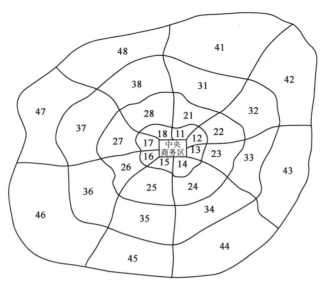

图 2-2 部分交通小区及其结构

（2）出行分布。

出行分布阶段预测各交通小区出行生成量的去向和出行吸引量的来源，即各交通小区间的出行生成与吸引分布。出行分布可用 OD 矩阵表来表示，见表 2-1。

出行分布 OD 矩阵表　　　　　　　表 2-1

O	D						合计
	1	2	…	j	…	n	
1	T_{11}	T_{12}	…	T_{1j}	…	T_{1n}	O_1
2	T_{21}	T_{22}	…	T_{2j}	…	T_{2n}	O_2
⋮	⋮	⋮	…	⋮	…	⋮	…
i	T_{i1}	T_{i2}	…	T_{ij}	…	T_{in}	O_i
⋮	⋮	⋮	…	⋮	…	⋮	⋮
n	T_{n1}	T_{n2}	…	T_{nj}	…	T_{nn}	O_n
合计	D_1	D_2	…	D_j	…	D_n	T

（3）方式划分。

方式划分阶段确定轨道交通、常规公交、自行车、步行、出租汽车和私人汽车等各种出行方式承担的交通小区间 OD 出行量的比例。

方式划分预测的基本思路为：预测出行者对各种出行方式的选择率，用选择率乘以交通小区的出行生成量、吸引量或者交通小区间的 OD 出行量，得到各种出行方式的运量分担比例。影响出行方式选择的因素主要有：

①出行者的特性：如年龄、职业、收入水平、居住位置、私人交通工具拥有情况等。

②出行的特性：如出行目的、出行距离、出行时间限制、出行时段、对舒适与安全的考虑等。

③交通系统的特性：如票价、运送时间、运输能力、停车设施、服务水平（准时、

安全、舒适、便利)等。

(4) 出行分配。

出行分配阶段将 OD 出行量按一定的规则分配到交通网中的各条线路上。城市交通网中的某个 OD 对间通常会有若干条线路,并且各个 OD 对间的线路存在部分路段重叠的情形,在 OD 出行量较小时,按最短路径进行出行分配通常是可行的;但在 OD 出行量较大时,仍按最短路径分配则会出现因部分线路或路段的能力限制而导致交通拥挤的现象。

单元三 客流分析

城市轨道交通的客流是动态流,它的分布与变化因时因地而不同,但这种不同归根结底是城市社会经济活动与生活方式以及城市轨道交通本身特征的反映,因此客流的分布与变化是有规律的。对客流的分布特征与动态变化进行实时跟踪和系统分析、掌握客流现状与变化规律,有助于经济合理地进行线网规划、运力安排与设备配置,对做好日常行车组织与运营管理工作具有重要意义。客流分析的重点是客流在时间与空间上的分布特征、动态变化规律,以及它们与行车组织、能力配备的关系。

一 客流的时间分布特征分析

1. 一日内小时客流分布特征

城市轨道交通一日内小时客流随人们的生活节奏和出行特点而变化。通常是夜间少,早晨渐增,上班和上学时达到高峰,午间稍减,傍晚下班和放学又是高峰,此后逐渐减少,午夜最少。因此,城市轨道交通一日内小时客流通常是双峰型,这种规律在国内外的城市轨道交通线路上几乎相同,只是程度不同而已。反映城市轨道交通线路分时客流不均衡程度的系数可按下式计算:

$$a_1 = \frac{P_{max}}{\sum_{t=1}^{H} P_t / H} \tag{2-8}$$

式中:a_1——单向分时客流不均衡系数;

P_{max}——单向高峰小时最大断面客流量,人次;

P_t——单向分时最大断面客流量,人次;

H——全日营业时间,h。

分时客流不均衡系数值大于 1。a_1 趋向于 1 表明分时客流分布比较均衡,a_1 越大表明分时客流分布越不均衡。当 $a_1 \geq 2$ 时,表明分时客流的不均衡程度比较大。位于市区范围内的地铁、轻轨线路的 a_1 值通常为 2 左右;而通往远郊区市域轨道交通线路的 a_1 值通常大于 3。

在一日内小时客流不均衡程度较大的情况下,为实现运营组织的经济合理性,可考虑采用小编组、高密度列车开行方案。小编组、高密度与大编组、低密度两种列车开行方案的分时列车运能不变,但在客流低谷时段,小编组、高密度方案具有既能提高客车满载率,又不降低乘客服务水平的优点。

需要指出的是，小编组、高密度方案的采用仅在一定的客流条件下才是可行的。分时客流不均衡程度比较大是条件之一，线路的客流量较小，尚未达到设计客流量是另一个条件。在线路客流量较小的情况下，由于客流低谷时段列车开行数较少，会使乘客候车时间延长从而降低乘客服务水平；而如果为保持乘客服务水平，在客流低谷时段增加列车开行数，则又会使车辆满载率降低，产生运营不经济的情形。小编组、高密度方案既不增加列车运能，又能提高列车密度，从而解决了上述两难问题。但如果线路客流量已经较大，接近设计客流量，采用小编组、高密度方案，低谷时段增开列车问题不大，高峰小时增开列车则会受到线路通过能力的限制。

2. 一周内全日客流分布特征

由于人们的工作与休息是以周为循环周期进行的，这种活动规律性必然要反映到一周内全日客流的变化上来。在以通勤、通学客流为主的轨道交通线路上，双休日的客流会有所减少；而在连接商业网点、旅游景点的轨道交通线路上，双休日的客流又往往会有所增加。与工作日的早、晚高峰出现时间比较，双休日早高峰的出现时间往往推迟，而晚高峰的出现时间又往往提前。另外，星期一与节假日后的早高峰小时客流和星期五与节假日前的晚高峰小时客流，都会比其他工作日的早、晚高峰小时客流要大。

根据全日客流在一周内分布的不均衡性和有规律的变化，轨道交通常在一周内实行不同的全日行车计划和列车运行图，以适应不同的客运需求和提高运营经济性。

3. 季节性或短期性客流变化

在一年内，客流还存在季节性的变化，如由于梅雨季节和学生复习迎考等原因，6月份的客流通常是全年的低谷，如图 2-3 所示的某城市轨道交通线路 2006—2007 年与 2011—2012 年的月客流量。另外，在旅游旺季，流动人口的增加也会使城市轨道交通线路的客流增加。短期性客流激增通常发生在举办重大活动或遇到天气骤变时。对季节性的客流变化，可采用实行分号列车运行图的措施来缓和运输能力紧张状况。当客流在短期内增加幅度较大时，运营部门应针对某些作业组织环节、某些设备的运用方案采取应急调整措施，以适应客运需求。

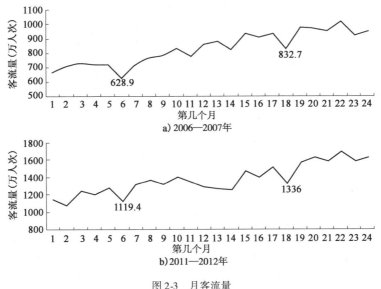

图 2-3　月客流量

4. 车站高峰小时客流分布特征

车站高峰小时客流是确定车站设备容量或能力的基本依据。车站高峰小时客流分析，首先应确定进、出站高峰小时的出现时间，其次才是分析客流量的大小。此外，还应分析客流的发展趋势。随着轨道交通新线投入运营、既有轨道交通线路延伸，高峰小时进、出站客流会发生较大的变化。而车站吸引区内在住宅、商业和文化娱乐等方面的发展也会使高峰小时进、出站客流发生较大的变化。研究表明，轨道交通车站高峰小时客流具有以下特征：

（1）车站客流的进、出站高峰小时出现时间与断面客流的高峰小时出现时间通常不相同。

（2）各个车站客流的进、出站高峰小时出现时间通常不相同，见表2-2。

（3）同一车站客流的进、出站高峰小时出现时间通常不相同，见表2-2。

进、出站高峰小时出现时间　　　　　　　　　　　　　　　　　表2-2

站　名	工作日高峰小时		双休日高峰小时	
	进站	出站	进站	出站
徐家汇站	17：00—18：00	8：00—9：00	16：00—17：00	13：00—14：00
莲花路站	8：00—9：00	18：00—19：00	9：00—10：00	16：00—17：00
河南路站	17：00—18：00	8：00—9：00	16：00—17：00	13：00—14：00
中山公园站	8：00—9：00	18：00—19：00	9：00—10：00	17：00—18：00

注：进、出站高峰小时出现时间，工作日按2002年3月18—22日统计数据的平均值确定，双休日按2002年3月16日、17日、23日、24日统计数据的平均值确定。

（4）同一车站工作日客流与双休日客流的进、出站高峰小时出现时间通常不相同，见表2-3。

（5）工作日高峰小时进、出站客流通常大于双休日高峰小时进、出站客流，见表2-3。

工作日、双休日高峰小时进、出站客流量（人次）　　　　　　　表2-3

站　名	工　作　日		双　休　日	
	进站	出站	进站	出站
徐家汇站	5582	5075	5580	4632
莲花路站	4318	3008	2406	1833
河南路站	5470	6564	3025	2538
中山公园站	5862	3505	2451	2360

注：工作日客流为2002年3月18—22日统计数据的平均值，双休日客流为2002年3月16日、17日、23日、24日统计数据的平均值。

5. 车站超高峰期客流分布特征

为了避免因超高峰期内特别集中的客流而影响乘客不能顺畅地进、出车站，甚至影响列车的正常运行秩序，在确定车站设备容量或能力时有必要适当考虑车站客流在高峰小时内分布的不均衡。车站超高峰期的客流强度可用超高峰系数来反映，它是单位时间内的超高峰期平均客流量与高峰小时平均客流量的比值。超高峰系数一般可取值为 1.1~1.4。对终点站、换乘站和客流较大的中间站通常取高限值，而其余车站则可取低限值。

表 2-4 是江湾镇站 2002 年 5 月 14 日、15 日早高峰时间进站客流现场调查数据。表 2-5 列出了该站早高峰小时与超高峰期（15min）出现时间及客流量的确定过程。计算超高峰系数时，单位时间取 1min，计算结果为 1.22。

江湾镇站早高峰时间内进站乘客数　　　　　表 2-4

时间	5月14日进站人数	5月15日进站人数	时间	5月14日进站人数	5月15日进站人数
7：00—7：05	220	279	8：00—8：05	415	531
7：05—7：10	273	275	8：05—8：10	495	426
7：10—7：15	343	295	8：10—8：15	304	320
7：15—7：20	377	417	8：15—8：20	300	385
7：20—7：25	308	352	8：20—8：25	229	301
7：25—7：30	442	444	8：25—8：30	264	273
7：30—7：35	350	310	8：30—8：35	223	276
7：35—7：40	597	472	8：35—8：40	211	284
7：40—7：45	467	527	8：40—8：45	195	198
7：45—7：50	603	683	8：45—8：50	145	209
7：50—7：55	383	549	8：50—8：55	162	197
7：55—8：00	497	607	8：55—9：00	177	188

江湾镇站早高峰小时与超高峰期时间及其客流量的确定　　　　　表 2-5

时间	平均进站人数	按15min统计的小时段	按15min统计的小时客流量（人次）
7：00—7：15	843	7：00—8：00	5035
7：15—7：30	1170	7：15—8：15	5438
7：30—7：45	1362	7：30—8：30	5144
7：45—8：00	1661	7：45—8：45	4476
8：00—8：15	1246	8：00—9：00	3354
8：15—8：30	876	早高峰小时为 7：15—8：15，客流量为 5438 人次；超高峰期为 7：45—8：00，客流量为 1661 人次；超高峰期系数 =（1661/15）/（5438/60）= 1.22	
8：30—8：45	694		
8：45—9：00	539		

二　客流的空间分布特征分析

1. 各条线路客流分布特征

沿线土地利用状况的不同是各条线路客流不均衡的决定因素，而轨道交通线网与接运交通的现状也是各条线路客流不均衡的影响因素。各条线路客流的不均衡包括现状客流分布的不均衡和客流增长的不均衡两个方面，它们构成了整个轨道交通线网客流分布的不均衡。

2. 上、下行方向客流分布特征

反映轨道交通线路上、下行方向客流不均衡程度的系数可按下式计算：

$$a_2 = \frac{\max\{p_{\max}^{上}, p_{\max}^{下}\}}{(p_{\max}^{上} + p_{\max}^{下})/2} \tag{2-9}$$

式中：a_2——上、下行方向客流不均衡系数；

$p_{\max}^{上}$——上行方向最大断面客流量，人次；

$p_{\max}^{下}$——下行方向最大断面客流量，人次。

上、下行方向客流不均衡系数值大于1。a_2趋向于1表明上、下行方向客流比较均衡，a_2越大，表明上、下行方向客流越不均衡。当$a_2 \geq 1.5$时，表明上、下行方向客流的不均衡程度比较大。位于市区范围内地铁、轻轨线路的a_2值通常小于1.5；而通往远郊区市域轨道交通线路的a_2值有可能大于3。

由图2-4可知，某地铁早高峰小时两个方向的断面客流一大一小，相差悬殊，上行松江新城至徐家汇方向的断面客流远大于下行徐家汇至松江新城方向的断面客流。经计算，上、下行方向客流不均衡系数a_2达到3.9，表明线路上、下行方向客流的不均衡程度很大。

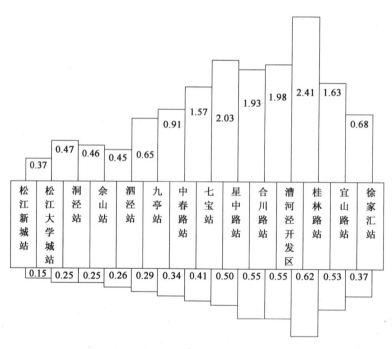

图2-4 某地铁早高峰小时断面客流图

在上、下行方向的最大断面客流不均衡程度较大的情况下，在直线线路上要做到经济合理地配备运力比较困难，无法避免断面客流较小方向因车辆满载率过低而引起的运能闲置；但在环形线路上可采取内、外环线路安排不同运力的措施，避免断面客流较小方向的运能浪费。

3. 线路断面客流分布特征

在城市轨道交通线路上，由于各个车站乘降人数的不同，线路上各区间的断面客流通常各不相同,甚至相差悬殊。断面客流分布通常是阶梯与凸字形两种情形,前者是指线路上各区间的断面客流为一头大、一头小;后者是指线路上各区间的断面客流为中间大、两头小。反映轨道交通线路单向各个断面客流不均衡程度的系数可按下式计算:

$$a_3 = \frac{p_{\max}}{\sum_{i=1}^{K} p_i / K} \tag{2-10}$$

式中:a_3——单向断面客流不均衡系数;
   p_i——单向断面客流量,人次;
   K——单向线路断面数,个。

断面客流不均衡系数值大于1。a_3趋向于1表明断面客流比较均衡,a_3越大表明断面客流越不均衡。当$a_3 \geq 1.5$时,表明断面客流的不均衡程度比较大。位于市区范围内的地铁、轻轨线路的a_3值通常小于1.5;而通往远郊区市域轨道交通线路的a_3值通常为2左右。

由图2-4可知,某地铁早高峰小时上行松江新城至徐家汇方向断面客流的分布呈阶梯形,市区段(徐家汇—七宝)的断面客流明显大于郊区段(七宝—松江新城)的断面客流。最大断面客流出现在漕河泾开发区至桂林路之间。经计算,断面客流不均衡系数a_3为2.0,表明断面客流的不均衡程度比较大。

在断面客流不均衡程度较大的情况下,为了运营的经济性,可考虑采用特殊交路列车开行方案。断面客流分布为阶梯形时,可采用大客流区段和小客流区段分别开行不同数量列车的衔接交路方案,或在大客流区段加开区段列车的混合交路方案;断面客流分布为凸字形时,可采用在大客流区段加开区段列车的混合交路方案。在列车密度较大的情况下,采用特殊列车交路与加开区段列车对行车组织和折返设备都会提出新的要求,此时线路通过能力与中间站折返能力是否适应是采用特殊列车交路与加开区段列车措施的充分条件,因此必须进行能力适应性的验算。

4. 站间 OD 客流分布特征

站间 OD 客流分析的重点是各个客流区段内和不同客流区段间的各站到发客流分布特征。在城市轨道交通线路较长,并且各个客流区段的断面客流不均衡程度较大时,大客流区段通常位于市区段,小客流区段通常位于郊区段。站间 OD 客流分布特征可以用市区段内与郊区段内各站间到发客流分别占全线各站总到发客流的百分比,以及在市区段与郊区段间各站到发客流占全线各站总到发客流的百分比来反映。

假设城市轨道交通的车站数为n个,其中1~m站位于市区段,$m+1$~n站位于郊区段,根据表2-6,市区段内各站间到发客流量占全线总到发客流量的百分比φ_1为:

$$\varphi_1 = \frac{\sum_{i=1}^{m}\sum_{j=1}^{m} p_{ij}}{\sum_{i=1}^{n}\sum_{j=1}^{n} p_{ij}} \tag{2-11}$$

郊区段内各站间到发客流量占全线总到发客流量的百分比φ_2为:

$$\varphi_2 = \frac{\sum_{i=m+1}^{n}\sum_{j=m+1}^{n} p_{ij}}{\sum_{i=1}^{n}\sum_{j=1}^{n} p_{ij}} \tag{2-12}$$

由市区段各站到郊区段各站的客流量占全线总到发客流量的百分比 φ_3 为：

$$\varphi_3 = \frac{\sum_{i=1}^{m}\sum_{j=m+1}^{n} p_{ij}}{\sum_{i=1}^{n}\sum_{j=1}^{n} p_{ij}} \tag{2-13}$$

由郊区段各站到市区段各站的客流量占全线总到发客流量的百分比 φ_4 为：

$$\varphi_4 = \frac{\sum_{i=m+1}^{n}\sum_{j=1}^{m} p_{ij}}{\sum_{i=1}^{n}\sum_{j=1}^{n} p_{ij}} \tag{2-14}$$

站间 OD 客流表　　　　　　　　　　　　　　表 2-6

O		D							
		市区段				郊区段			
		1	2	…	m	$m+1$	…	$n-1$	n
市区段	1	0	$P_{1,2}$	…			…	$P_{1,n-1}$	$P_{1,n}$
	2	$P_{2,1}$	0					$P_{2,n-1}$	$P_{2,n}$
	…	…	…	0				…	…
	m	$P_{m,1}$	$P_{m,2}$		0			$P_{m,n-1}$	$P_{m,n}$
郊区段	$m+1$	…	…			0		…	$P_{m+1,n}$
	…	…	…				0		…
	$n-1$	…	…					0	$P_{n-1,n}$
	n	$P_{n,1}$	$P_{n,2}$	…				$P_{n,n-1}$	0

在 φ_1 与 φ_2 较大，即线路上以同一客流区段内到发的短途客流为主时，站间 OD 客流分布一般比较均衡。此时，如果断面客流为阶梯形，可采用衔接交路、站站停车方案；如果断面客流为凸字形，可采用混合交路、站站停车方案。在 φ_3 与 φ_4 较大，即长距离出行乘客比例较大及某些到发站间的直达客流也较大时，为避免大量乘客换乘，不宜采用衔接交路方案，而应考虑采用混合交路、部分列车跨多站停车方案。如果在非高峰时间，通勤、通学的长距离出行乘客比例明显下降，则可停开跨多站停车的列车。

5. 各个车站乘降客流分布特征

城市轨道交通各个车站的乘降人数不均衡，甚至相差悬殊情况并不少见。在不少线路上，全线各站乘降量总和的大部分往往是集中在少数几个车站上，如图 2-5 所示。此外，车站乘降客流是动态变化的，新的居民住宅区形成规模、新的城市轨道交通线路建成通车、既有城市轨道交通线路延伸使一些车站由中间站变为换乘站或由终点站变为中间站、列车共线运营等都会使车站乘降量发生较大的变化，加剧不均衡或带来新的不均衡。

车站乘降人数的不均衡决定了各个车站的客运工作量、设备容量或能力的配置、客运作业人员的配备以及日常运营管理的重点。

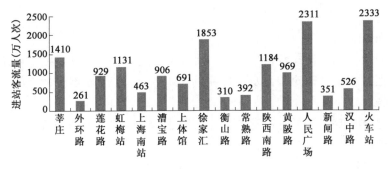

图 2-5　某地铁各站进站客流

三　车站内客流分布特征

通过分析城市轨道交通车站内乘客流向及行程轨迹可以发现，车站内客流在空间分布上也存在不均衡现象，包括经由不同出入口的客流不均衡、通过不同收费区的客流不均衡、通过同一收费区不同检票机的客流不均衡和上、下行方向的乘降客流不均衡等，见表 2-7、表 2-8。

某车站工作日高峰小时通过进站检票机、收费区乘客数及其比例　　表 2-7

收费区编号	收费区 1				收费区 2					
检票机编号	G31	G32	G33	G34	G35	G36	G37	G38	G39	G40
通过检票机乘客数（人）	173	339	536	745	468	413	483	640	817	968
通过收费区乘客数（人）	1793				3789					
通过收费区乘客比例	32.1%				67.9%					

某车站工作日高峰小时通过出站检票机、收费区乘客数及其比例　　表 2-8

收费区编号	收费区 1						收费区 2					
检票机编号	G01	G02	G03	G04	G10	G11	G05	G06	G07	G08	G09	G12
通过检票机乘客数（人）	267	254	268	304	347	444	666	496	538	489	493	509
通过收费区乘客数（人）	1884						3191					
通过收费区乘客比例	37.1%						62.9%					

进一步分析可以发现，通过各台进站检票机客流按距离售票区域的远近而呈现明显的阶梯状递减态势，而通过各台出站检票机客流则相对均匀。究其原因，进站客流是陆续到达，乘客为争取时间通常会选择最近的进站检票机；而出站客流是集中到达，乘客为避免排队通常会选择比较空闲的出站检票机。

掌握客流在站内的空间分布特征，对车站自动售检票设备等的合理配置与优化布局具有指导意义。

工作日高峰小时通过进站检票机、收费区乘客数及其比例见表 2-7。

📚 模块学习任务

学习任务一

根据给定的城市轨道交通客流的基本资料，分析客流的空间分布特征，提出相应的客流组织措施。

任务实施方法：

（1）教师给定相关背景资料，如城市轨道交通运营公司不同线路的客流资料。

（2）学生根据所学理论知识及教师提供的背景资料，分析客流的空间分布特征。

学习任务二

根据给定的城市轨道交通客流的基本资料，分析客流的时间分布特征，提出相应的客流组织措施。

任务实施方法：

（1）学生自主搜集不同城市轨道交通运营公司的客流资料。

（2）学生根据所学理论知识及背景资料，分析客流的时间分布特征，提出相应的客流组织措施。

拓展与提高

上网或通过其他途径了解国内外城市轨道交通企业历年的客流数据，分析并思考客流与城市轨道交通的形式选择、线路、站点等的规划设计，客流的组织管理工作之间的关系。

实践训练

组织学生在轨道交通站点进行实际客流调查，并根据调查数据分析车站客流的空间与时间分布特征，得出相应的客流调查结果。

思考题

1. 什么是客流？影响客流的因素有哪些？
2. 客流调查的种类有哪些？客流调查的统计指标有哪些？
3. 客流预测的方法有哪些？
4. 试说明四阶段预测法的基本思想与主要内容。
5. 客流的时间分布特征分析有几类？各有什么特点？
6. 客流的空间分布特征分析有几类？各有什么特点？

实训任务

请扫描二维码，查阅本模块实训任务相关内容。

模块二实训任务

模块三

城市轨道交通运输计划

知识提要

(1) 客流计划；
(2) 全日行车计划；
(3) 列车开行方案；
(4) 车辆配备、运用与检修计划；
(5) 日常运输调整计划。

模块任务

(1) 掌握城市轨道交通系统客流计划、全日行车计划的基本内容；
(2) 掌握列车开行方案的基本内容；
(3) 掌握城市轨道交通系统车辆配备、运用与检修计划的基本内容；
(4) 通过学习客流计划、全日行车计划的编制案例，练习编制全日行车计划。

模块准备

某一个或多个城市轨道交通运营企业的客流计划、全日行车计划、车辆配备、运用与检修计划的相关案例，用于练习编制全日行车计划的资料等。

理论知识

城市轨道交通系统是一个复杂的、技术密集型的公共交通系统，只有各部门、各工种、各项作业之间相互协调配合，才能保证列车运行安全，提高运输效率。运输计划在保证城市轨道交通运营各部门相互配合和协调方面发挥着重要的作用。

城市轨道交通的用户主要是乘客，故其运输计划的制定需要考虑乘客的需求特性及其变化规律。一般城市轨道交通系统的运输计划包括客流计划，全日行车计划，列车开行方案，车辆配备、运用与检修计划，以及日常运输调整计划等内容。

单元一 客流计划

客流计划是指城市轨道交通线路客流的规划，它也是其他计划的基础和编制依据。

对新线来说，客流计划要根据客流预测资料来编制，既有线路则可根据统计和调查资料来编制。

客流计划的主要内容包括沿线各站到发客流数量、各站分方向分别发送人数，全日分时段断面客流分布，全日分时段最大断面客流图等。

最基本的站间客流资料可以用一个二维矩阵来表示，也可称为站间交换量 OD 矩阵。表 3-1 是北京地铁 5 个车站客流（车站 A、B、C、D、E）的 OD 矩阵，右下角为全线客流总量。

根据表 3-1 可以统计某地铁 5 个车站上、下车人数，即每行之和为上车人数，每列之和为下车人数。如果要分方向，还需要看车站的排列顺序。区间的断面流量可以在此基础上生成。表 3-2 是某地铁部分车站客流量表。

某地铁 5 个车站客流 OD 矩阵表（单位：人次）　　　　表 3-1

O	D					合计
	A	B	C	D	E	
A	—	3260	22000	1980	1950	29190
B	2100	—	21900	2330	6530	32860
C	5800	4900	—	3220	4600	18520
D	5420	4100	3200	—	4390	17110
E	1200	4320	7860	3420	—	16800
合计	14520	16580	54960	10950	17470	114480

某地铁部分车站客流量表（单位：人次）　　　　表 3-2

站名	西直门	车公庄	阜成门	复兴门	长椿街	宣武门
上车人数	29160	23358	19459	84011	14728	16252
下车人数	29960	23554	20721	83461	12378	18735
合计	59120	46912	40180	167472	27106	34987

根据表 3-2 可画出图 3-1。

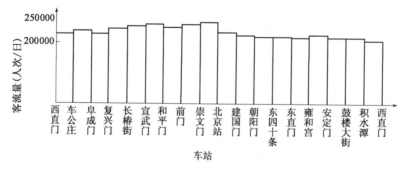

图 3-1　某地铁某线路断面客流量示意图

高峰小时的断面客流量可以通过高峰小时的 OD 矩阵来推算。当没有高峰小时矩阵时，也可以采用全日矩阵来推算，这时一般还需要有客流的全日分布统计。图 3-2 给出了某城市轨道交通线路全日出行客流分布。

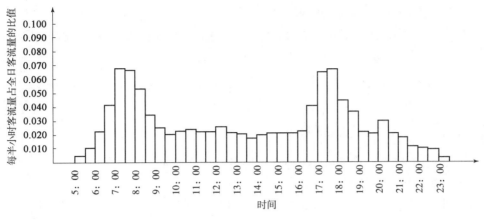

图 3-2 某城市轨道交通线路全日出行客流分布

单元二 全日行车计划

一 全日行车计划的编制依据

全日行车计划主要是指城市轨道交通系统全日列车开行对数计划，或全日列车开行数计划。它决定着城市轨道交通系统的输送能力和设备（列车）使用计划，也是列车运行图（时刻表）编制的依据。

全日行车计划编制的依据包括：

（1）营运时间计划。营运时间计划即城市轨道交通系统全日营运时间范围，它与城市居民的出行特点和文化背景、习惯有关。目前，世界上大多数城市轨道交通系统营运时间为 18~20h，停止营运的目的主要是为设备维护和检修留出时间。

（2）全日分时最大客流断面分布。其可根据客流数据推算。

（3）列车运载能力。其涉及列车编成、车辆定员等数据。

（4）满载率。满载率指实际载客量与设计载客量之比，它反映着系统的服务水平。一般满载率可取 0.75~0.90。

全日行车计划的编制一般要在分时行车计划的基础上完成。分时行车计划中的列车开行对数可按式（3-1）计算：

$$n_i = \frac{P_{\max,i}}{(c_p \times \beta)} \tag{3-1}$$

式中：n_i——第 i 小时内应开行的列车数（单向）；

$P_{\max,i}$——第 i 小时最大客流断面旅客数量（单向）；

c_p——单列车的设计载客能力；

β——列车满载率。

全日列车开行对数应为：

$$N = \sum_{i=1}^{n} n_i \tag{3-2}$$

式中：N——全日列车开行对数；

n_i——第 i 小时内应开行的列车数（单向）。

在实际交通系统中，经常需要用到另一个指标来评价行车计划，即发车间隔 I_i：

$$I_i = 60/n_i \text{（min）} \tag{3-3}$$

或：

$$I_i = 3600/n_i \text{（s）} \tag{3-4}$$

二 全日行车计划的编制步骤

（1）根据各站上、下车人数统计推算出各断面客流量。
（2）推算出全日列车开行计划。
（3）根据营业时间和全日分时行车计划确定各时段开行的列车数，并确定列车发车间隔。

三 全日行车计划编制案例

1. 已知条件

（1）站间客流 OD 表（表 3-1）。
（2）营运时间：5：00—23：00。
（3）全日分时最大断面客流分布比例。
（4）列车采用 6 辆编组，定员为 260 人。
（5）满载率：高峰小时为 120%，其他时间为 90%。
（6）高峰小时：早 7：00—8：00，晚 17：00—18：00。

2. 编制步骤

（1）根据站间客流 OD 表（表 3-1），推算出各站上、下车客流量，见表 3-3。根据各站上、下车客流量（表 3-3），推算出各站上、下行断面客流量，见表 3-4。

各站上、下车客流量统计（单位：人次） 表 3-3

站　　名	下行上车人数	下行下车人数	上行上车人数	上行下车人数
A	29190	0	0	14520
B	30760	3260	2100	13320
C	7820	43900	10700	11060
D	4390	7530	12720	3420
E	0	17470	16800	0

各站上、下行断面客流量（单位：人次） 表 3-4

区　　间	下　　行	上　　行
A—B	29190	14520
B—C	56690	25740
C—D	20610	26100
D—E	17470	16800

（2）根据以上条件，编制全日列车开行计划。

根据各站上、下行断面客流量（表 3-4）可知，早高峰小时最大断面客流量为

56690人次。根据全日分时最大断面客流分布比例（表3-5第2列）可计算出分时最大断面客流量（表3-5第3列）。

可计算得到：

高峰小时每列车乘客人数：$260 \times 6 \times 1.2 = 1872$（人）。

其他时间每列车乘客人数：$260 \times 6 \times 0.9 = 1404$（人）。

根据式（3-1）和式（3-3），可计算出分时列车开行对数和发车间隔，见表3-5第4列和第5列。

全日列车开行计划　　　　表3-5

时间	全日分时最大断面客流分布比例（%）	分时最大断面客流量（人次）	分时列车开行列车数	发车间隔
5：00—6：00	15	8504	7	8min30s
6：00—7：00	50	28345	21	2min50s
7：00—8：00	100	56690	30	2min
8：00—9：00	70	39683	29	2min5s
9：00—10：00	50	28345	21	2min50s
10：00—11：00	40	22676	16	3min40s
11：00—12：00	45	25511	18	3min15s
12：00—13：00	50	28345	21	2min50s
13：00—14：00	55	31180	23	2min35s
14：00—15：00	60	34014	25	2min25s
15：00—16：00	60	34014	25	2min25s
16：00—17：00	70	39683	29	2min5s
17：00—18：00	90	51021	28	2min5s
18：00—19：00	60	34014	25	2min25s
19：00—20：00	50	28345	21	2min50s
20：00—21：00	30	17007	12	5min
21：00—22：00	20	11338	9	6min35s
22：00—23：00	15	8504	7	8min30s

单元三　列车开行方案

列车开行方案包括列车编组方案、列车交路方案和列车停站方案三部分。在列车开行方案中，列车编组方案规定了列车是固定编组还是非固定编组，以及列车的编组辆数；列车交路方案规定了列车的运行区段与折返车站；列车停站方案规定了列车是站站停车还是非站站停车，以及非站站停车的方式。此外，列车开行方案还规定了按不同编组、交路和停站方案开行的列车数。

列车开行方案是日常运营组织的基础。列车开行方案的比选应遵循客流分布特征与运营经济合理兼顾的原则，以实现既能维持较高的乘客服务水平，又能提高车辆运行效率的目标。

一 列车编组方案

1. 列车编组种类

（1）大编组方案。大编组方案是指在运营时间内列车编组辆数固定且相对较多（如地铁列车采用6辆或8辆编组）的方案。

（2）小编组方案。小编组方案是指在运营时间内列车编组辆数固定且相对较少（如地铁列车采用3辆或4辆编组）的方案。

（3）大小编组方案。大小编组方案是指在运营时间内列车编组辆数不固定的方案。大小编组方案有两种情形：一种是在客流非高峰时段编组辆数相对较少，在客流高峰时段编组辆数相对较多，如在客流非高峰和高峰时段，地铁列车分别采用3/6辆编组、4/6辆编组或4/8辆编组的情形；另一种是在全日运营时间内采用大小编组，如地铁列车采用3/6辆或4/6辆编组的情形。

需要指出的是，离开一定的客流条件来讨论列车编组方案的比选是无意义的。例如，在线路分时客流分布比较均衡时，大小编组方案失去了比选的必要性；在客流量已经接近远期设计客流量时，小编组方案失去了实施的可能性。因此，只有在客流量尚未达到远期设计客流量，并且分时客流分布不均衡程度较大的情况下，才有必要对列车编组方案进行比选。

2. 影响列车编组方案比选的因素

为满足一定的客流需求，城市轨道交通必须提供一定的列车运能。小时列车运能既与小时内开行的列车数有关，也与列车编组辆数和车辆定员有关。假设小时列车运能应达到18000人，在车辆选型（车辆定员）一定时，列车编组辆数与列车发车间隔成正比关系；在列车发车间隔一定时，列车编组辆数与车辆定员成反比关系（表3-6）。影响列车编组方案的主要因素是客流、通过能力和车辆选型。此外，在进行列车编组方案比选时，通常还应考虑乘客服务水平、车辆运用经济性和运营组织复杂性等影响因素。

列 车 编 组 方 案 表3-6

方案序号	1	2	3	4
编组辆数（辆）	3	6	4	6
车辆定员（人）	300	300	300	200
发车间隔（min）	3	6	4	4
列车运能（人次/h）	18000			

（1）客流。客流因素主要是指高峰小时最大断面客流量与分时客流不均衡程度。高峰小时最大断面客流量越大，需要的小时列车运能也越大。在车辆选型、列车间隔一定的情况下，列车编组辆数与高峰小时最大断面客流量成正比关系，即客流量较大时，列车编组辆数也较大。从提供必要的小时列车运能出发，在高峰小时最大断面客流量较大且列车发车间隔已无法进一步压缩时，列车编组只有大编组方案这一种选择；在高峰小时最大断面客流量不大，但分时客流不均衡程度较大时，选择小编组方案或

大小编组方案有助于提高运营经济性和乘客服务水平。

（2）车辆选型。车辆选型的依据是高峰小时最大断面客流量。在高峰小时最大断面客流量≥3万人次/h时，应采用A型车和B型车，其车辆定员分别为310人和230人左右。在列车发车间隔一定的情况下，小时列车运能取决于列车定员，而列车定员又是车辆定员与列车编组辆数的乘积，如果车辆定员较大，列车编组可相应较小。

（3）列车间隔。从提供必要的小时列车运能出发，在车辆定员一定的情况下，为适应小编组方案，列车间隔应相应压缩，但其压缩受到线路通过能力和列车折返能力的制约。因此，采用小编组方案是有条件的，在用小编组方案替代大编组方案时，应验算其与通过能力是否相适应。

（4）乘客服务水平。在进行列车编组方案比选时，应考虑不同编组方案乘客的服务水平，在客流量不大、列车开行密度较低的情况下，与大编组方案相比，采用小编组方案时乘客的候车时间较短（发车间隔小）。因此，小编组方案有助于提高乘客服务水平。另外，在采用大小编组方案时，应在站台上设置乘客候车位置导向标志。

（5）车辆运用经济性。采用小编组方案对提高列车满载率及降低牵引能耗具有积极意义，但随着列车中动车比例的增加，车辆的平均价格也呈增长趋势。此外，随着小编组列车开行数的增加，司机的配备总数也相应增加。

（6）运营组织复杂性。在进行列车编组方案比选时，还应考虑运营组织的复杂性。与采用固定编组方案相比，在选用大小编组方案时，列车的编组与解体、高峰与非高峰时段的过渡，以及列车间隔的调整等均增加了运营组织的复杂程度。

二　列车交路方案

1. 列车交路方案的种类

列车交路有常规交路、衔接交路和混合交路3种，其中衔接交路和混合交路又称为特殊交路。

（1）常规交路。

常规交路又称长交路，是指列车在线路的两个终点站间运行，到达线路终点站后折返，如图3-3a)所示。与采用特殊交路方案相比，采用常规交路方案时，行车组织简单，乘客无须换乘，不需要设置中间折返站。但如果线路各区段断面客流不均衡程度较大，会产生部分区段列车运能的浪费。

（2）衔接交路。

衔接交路又称短交路，是若干短交路的衔接组合，列车只在线路的某一区段内运行、在指定的中间站折返，如图3-3b)所示。与采用常规交路方案相比，采用衔接交路方案可提高断面客流量较小区段的列车满载率，但跨区段出行的乘客需要换乘，并需要设置中间折返站。与采用混合交路方案相比，衔接交路列车在中间折返站是双向折返，增加了折返作业的复杂性。

（3）混合交路。

混合交路又称长短交路，是指长短交路列车在线路的部分区段共线运行，长交路列车到达终点站后折返、短交路列车在指定的中间站单向折返，如图3-3c)～图3-3f)所示。与采用常规交路方案相比，采用混合交路方案可提高长交路列车满载率、加快短交路列车周转，但部分乘坐长交路列车乘客的候车时间会增加，且需要设置中间折返站。

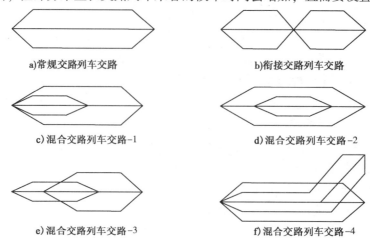

图 3-3　不同类型的列车交路

2. 影响列车交路方案比选的因素

符合客流的空间分布特征是列车交路方案选用的前提条件或必要条件。此外，影响列车交路方案比选的主要因素还有乘客服务水平、运营经济性、通过能力适应性和运营组织复杂性等。

（1）客流空间分布特征。符合客流的空间分布特征是列车交路方案采用的基本依据，只有在线路各区段断面客流分布不均衡程度较大时，才有必要对常规交路和特殊交路方案进行比选。当断面客流分布为阶梯形时，可选用混合交路或衔接交路方案，当断面客流分布为凸字形时，可选用混合交路方案；而当断面客流分布比较均衡时，一般应选用常规交路方案。

（2）乘客服务水平。在进行列车交路方案比选时，线路各区段断面客流分布的不均衡仅仅是采用特殊交路方案的必要条件，而不是充分条件。在采用混合交路时，会增加部分乘坐长交路列车乘客的候车时间；在采用衔接交路时，跨区段出行的乘客需要在中间折返站换乘。鉴于上述情形的存在，采用特殊交路会使部分乘客增加出行时间，从而引起乘客服务水平的下降。特殊交路方案对乘客服务水平影响的程度取决于乘坐长交路列车或跨区段出行乘客的数量及其所占比例。如果乘客出行时间增加较大，一般不宜采用特殊交路方案。但需要指出的是，在结合选用特殊交路与非站站停车方案时，乘客服务水平下降的情况可以得到改善。

（3）运营经济性。与采用常规交路相比，采用特殊交路能提高列车满载率、加快列车周转、减少运用车数，从而提高车辆运用经济性、降低运营成本。但由于采用特殊交路方案需要在中间站设置折返线、道岔和安装信号设备，因此也会增加投资与运营费用。

（4）通过能力适应性。采用特殊交路方案时，部分列车在中间站单向折返，或全部列车在中间站双向折返。在单向折返时，短交路列车的折返作业与长交路列车的到发作业有可能产生进路干扰；在双向折返时，两个方向短交路列车的折返作业有可能产生进路干扰。在产生进路干扰的情况下，线路折返能力甚至最终通过能力均有可能降低。因此，通过能力是否适应是采用特殊交路方案的充分条件之一。

(5) 运营组织复杂性。由于列车按不同的交路运行并在中间站折返，以及需要加强站台乘车导向服务，因此特殊交路方案的运营组织要比常规交路方案复杂。此外，在采用特殊交路方案时，中间折返站的选择也是运营组织需要考虑的问题。中间折返站一般应选择在断面客流出现明显落差的车站，但如果这些车站的到达客流较大，乘客下车稍有延误就会造成列车出发晚点。因此，在选择中间折返站位置时，可考虑将不同列车交路的中间折返站错开设置，以避免中间站折返能力不足问题，还可考虑将中间折返站位置选择在断面客流出现明显落差的前方车站，以缩短折返出发间隔时间。

三 列车停站方案

1. 列车停站方案种类

（1）站站停车方案。站站停车方案是指列车在全线所有车站均停车的方案，如图 3-4 所示。与非站站停车方案相比，采用站站停车方案的线路，一般开行列车种类简单，不存在列车越行，乘客无须换乘，也无须关注站台上的列车信息显示。在跨区段长距离出行乘客比例较大时，站站停车方案的运用车辆数较多，服务水平较低。

○ 停车站

图 3-4 站站停车方案示意图

（2）区段停车方案。区段停车方案在长短交路情况下采用。长交路列车在短交路区段外每站停车，但在短交路区段内不停车通过；而短交路列车则在短交路区段内每站停车，短交路列车的中间折返站同时又是乘客换乘站，如图 3-5 所示。与站站停车方案相比，区段停车方案中的长交路列车在短交路区段内不停车通过，列车停站次数的减少使长交路列车的停站时间及起停车附加时间总和也相应减少，提高了列车运行速度，压缩了列车周转时间。因此，采用区段停车方案有利于压缩长距离出行乘客的乘车时间，减少车辆运用数、降低运营成本。但是，区段停车方案也存在若干问题：首先，在行车量较大的情况下，有可能会产生列车越行情形，因此需要在部分中间站修建侧线；其次，在不同交路区段间上、下车乘客的换乘时间会增加，在短交路区段内上、下车乘客的候车时间则会延长。

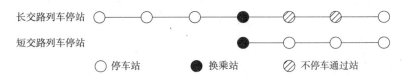

○ 停车站　● 换乘站　⊘ 不停车通过站

图 3-5 区段停车方案示意图

（3）跨站停车方案。跨站停车方案在长交路情况下采用，一般将线路上开行的列车分为 M、N 两类，全线的车站分为 A、B、C 三类，其中 A、B 类车站按相邻分布的原则设置，C 类车站可按每隔 4 或 6 个车站选择一个的原则设置。M 类列车在 A、C 类车站停车，在 B 类车站通过；N 类列车在 B、C 类车站停车，在 A 类车站通过，如图 3-6 所示。与站站停车方案相比，跨站停车方案的优点类似于区段停车方案。与站站停车方案相比，由于 A、B 两类车站的列车到达间隔加大，在 A、B 两类车站上车乘客的平均候车时间有所增加。此外，在 A（B）类站上车、B（A）类站下车的乘客需要在 C 类车站换乘。因此，跨站停车方案比较适用于 C 类车站上、下车客流较大，并且乘客乘车距离较远的情形。

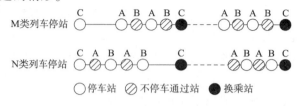

图 3-6　跨站停车方案示意图

（4）部分列车跨多站停车方案。部分列车跨多站停车方案是指线路上开行普速（站站停车）列车和快速（跨多站停车）列车，快速列车只在线路上的主要客流集散站停车，而在其他站则不停站通过，如图 3-7 所示。该停车方案在提高跨多站停车列车运行速度的同时，避免了跨站停车方案存在的部分乘客需要换乘问题，既能提高运营经济性，又不降低对乘客的服务水平。此外，该停车方案的运用比较灵活，运营部门可根据客流特征，按不同比例确定快速列车开行对数。在线路通过能力利用率比较高的情况下，采用该停车方案通常会引起快速列车越行普速列车；如果不安排列车越行，则只能以损失线路通过能力来保证列车发车间隔时间。

图 3-7　部分列车跨多站停车方案示意图

2. 影响列车停站方案比选的因素

采用非站站停车方案通常有利于减少车辆运用数与降低运营成本，但采用非站站停车方案也会出现一部分乘客节约了乘车时间、另一部分乘客增加了候车时间或换乘时间的情形。乘客节约时间总和是否大于增加时间总和取决于站间 OD 客流的空间分布特征。此外，由于城市轨道交通车站一般不设置侧线，采用非站站停车方案还会产生列车越行问题。因此，影响列车停站方案比选的主要因素为站间 OD 客流特征、乘客服务水平、列车越行问题、运营经济性和运营组织复杂性等。

（1）站间 OD 客流特征。在长距离出行乘客比例较大及某些到发站间的直达客流也较大时，采用非站站停车方案通常是有利的。区段停车方案比较适用于大部分乘客的乘车区间是郊区—市区的通勤出行，如远郊区与中央商务区之间、远郊区车站与城市轨道交通环线换乘站之间的通勤出行。跨站停车方案比较适用于换乘站上、下车客流较大，并且乘客乘车距离较远的情形。线路客流以同一区段内到发的短途客流为主时，不宜采用非站站停车方案。

（2）乘客服务水平。采用非站站停车方案，在压缩长距离出行乘客乘车时间的同时，也会出现增加一部分乘客换乘时间或候车时间的情形。因此，采用非站站停车方案是否可行，应根据站间 OD 客流，定量分析计算长途乘客节约的出行时间与部分乘客增加的换乘与候车时间。一般而言，如果乘客的节约时间总和大于增加时间总和，或者乘客的节约时间与增加时间基本持平，采用非站站停车方案是可行的，能提高或至少不降低乘客服务水平。

（3）列车越行问题。在采用列车非站站停车方案时，存在后行列车越行前行列车的可能性。如果后行列车越行前行列车，可通过调整列车追踪运行间隔来避免，但这是以降低线路通过能力来换取列车不越行，难以满足大客流线路或客流增加较快线路的运营要求。因此，采用非站站停车方案，必须对列车越行相关问题，如列车越行判定条件、越行站设置数量及位置等做进一步分析。

（4）运营经济性。与站站停车方案相比，非站站停车方案能加快列车周转时间，减少运用车辆数，从而降低运营成本。但采用非站站停车方案时，通常要在部分中间站增设越行线，建设费用的增加会引起车站造价上升。

（5）运营组织复杂性。由于各类列车的停站安排不同以及列车在中间站越行，控制中心、车站控制室对列车运行的监控以及站台上的乘车导向服务均应加强。因此，非站站停车方案的运营组织要比站站停车方案复杂。

单元四　车辆配备、运用与检修计划

车辆配备计划是指为完成全线全日行车计划所需要的车辆保有量计划。车辆保有量计划内容包括运用车辆数、在修车辆数和备用车辆数三部分。列车保有量是根据线路远期客流预测数据，测算远期列车发车间隔，得出的所需运用的列车数。备用车辆数按照运用车辆数的10%取得；检修列车数量需根据运用车辆数综合维修能力、修程修制取得，一般为运用车辆数的10%～15%。

一　运用车辆数

运用车辆数是指为完成日常运输任务所必须配备的技术状态良好的可用车辆数。它与高峰小时开行的最大列车对数、列车运行速度及折返站停留时间等因素有关，计算方法为：

$$N = \frac{n_{高峰} \theta_{列} m}{3600} \tag{3-5}$$

式中：N——运用车辆数，辆；

$n_{高峰}$——高峰小时开行的列车对数，对；

$\theta_{列}$——列车周转时间，s；

m——平均每列车编组辆数，辆。

考虑到城市轨道交通车辆有时是以动车组形式编组，此时运用车辆数可用式（3-6）计算：

$$N = \frac{n_{高峰} \theta_{列} L}{3600} \tag{3-6}$$

式中：L——每列车内动车组组数。

式（3-5）和式（3-6）中，列车周转时间是指列车在线路上往返一次所消耗的全部时间。它包括列车在区间运行时间、列车在中间站停留时间及列车在折返站作业停留时间。

$$\theta_{列} = \sum t_{运} + \sum t_{站} + \sum t_{折停} \tag{3-7}$$

式中：$\sum t_{运}$——列车在线路上往返一次各区间运行时间之和，s；

$\sum t_{站}$——列车在线路上往返一次各中间站停站时间之和，s；

$\sum t_{折停}$——列车在折返站停留时间之和，s。

二 在修车辆数

由于运营过程中的损耗，车辆需要定期检修，以预防故障或事故的发生。在修车辆是指处于定期检修状态的那部分车辆。

车辆检修的主要指标包括车辆检修级别和车辆检修周期，它们是根据车辆设计的性能、各部件在正常情况下的使用寿命以及车辆的运用环境和运用指标（如走行公里等）来确定的。城市轨道交通车辆检修修程通常包括厂修、架修、定修、月修、列检。表 3-7 给出了某地铁车辆检修计划。

某地铁车辆检修计划　　　　　　　　　　　　　表 3-7

修　程	检修周期	修车时间	施修地点
厂修	54 万 ~ 60 万 km	40d	车辆段或工厂
架修	18 万 ~ 20 万 km	20d	车辆段
定修	6 万 ~ 7 万 km	10d	车辆段
月修	1 万 ~ 1.2 万 km	2d	停车场
列检	200 万 ~ 400 万 km	2h	停车场或列检所

在修车辆数的确定可根据表 3-7 中列出的检修周期来推算。

三 备用车辆数

备用车辆数是为城市轨道交通系统适应可能的临时或紧急运输任务、预防车辆故障发生而准备的技术状态良好的车辆数。一般来说，这部分车辆可控制在运用车辆数的 10% 左右。不过，对于投产不久的新线来说，由于车辆状态较好，客流量不大时，备用车辆数可适当减少，以节约投资。表 3-8 是我国某地铁运营设备配置情况。

某地铁运营设备配置情况　　　　　　　　　　　　　表 3-8

线路编号	1 号线	2 号线（一期）	3 号线（一期）	合计
线路长度（km）	21.0	19.0	24.9	64.9
地下线路长度（km）	13.0	15.8		28.8
车站数量（座）	16	13	19	48
地下车站数量（座）	11	12		23
计划配属列车（列）	29	24	28	81
目前配属列车（列）	21	17	12	50
正线运行列车（列）	17	10	10	37
运行间隔	4min30s	7min15s	9min	—
日均客流量（万人次）	47.70	27.03	18.03	93.13
最大日均客流量（万人次）	57.31	33.46	21.22	111.9

单元五　日常运输调整计划

城市轨道交通具有行车密度高、发车间隔小、安全要求高的特点，需要根据列车运行的实际情况，按照列车晚点时快速恢复正点和兼顾行车安全的原则，对运输计划进行调整。

列车运行是运输生产活动的重要环节，在日常运输活动中，为了保证列车运行安全和按图行车，需要设置专门人员，调整运输计划。

日常运输计划调整的主要方法有：

（1）始发站提前或推迟发出列车。
（2）根据车辆的技术状态、线路允许速度组织列车提高速度，恢复正点。
（3）组织车站快速作业，压缩停站时间。
（4）组织列车放站运行。
（5）变更列车运行交路，具备条件时在中间站折返。
（6）停运部分车次的列车。

模块学习任务

学习任务一

根据给定的城市轨道交通的客流计划，编制全日行车计划。

任务实施方法：

（1）教师给定相关背景资料，如某地铁运营公司的客流 OD 表。
（2）学生根据所学理论知识及教师提供的背景资料，编制该地铁公司的全日行车计划。

学习任务二

根据给定的城市轨道交通的相关资料，制定车辆配备、运用与检修计划。

任务实施方法：

（1）教师给定相关背景资料，如高峰小时开行的最大列车对数、列车运行速度及折返站停留时间等。
（2）学生根据所学理论知识及背景资料，制定车辆配备、运用与检修计划。

学习任务三

编制列车运行图

1. 编制材料

（1）已知一条地铁线路全长 11.7km，由 10 站组成。车站 A、E、H、J 具有折返设备。全线营业时间共 12h，从 7：00 至 19：00。具体数据见表 3-9。
（2）上、下行全日分时客流分布（每小时客流量占全日客流量的比例）见表 3-10。
（3）该地铁车辆定员为 250 人；列车为 6 节编组；设满载率在 7：00—9：00 及 17：00—19：00 为 1.2，其他时间为 0.9；列车最小间隔为 3min。

几个折返站的折返时间如下：

A：3min。E：3min。H：4min。J：3min。

表 3-9

车站	站间距（km）	运行时分（min）	停站时分（min）	全日下行上车人数(人)	全日下行下车人数(人)	全日上行上车人数(人)	全日上行下车人数(人)
A			1.0	56000	0	0	50000
	1.1	2.5					
B			1.0	41000	11000	15000	38000
	0.9	2.0					
C			0.5	32000	9000	7000	39000
	0.8	2.0					
D			1.0	39000	12000	19000	33000
	1.2	2.5					
E			1.0	27000	37000	33000	30000
	1.1	2.0					
F			0.5	12000	28000	26000	7000
	0.9	2.0					
G			0.5	5000	25000	20000	8000
	1.7	3.0					
H			0.5	8000	28000	25000	7000
	1.8	3.0					
I			0.5	5000	23000	25000	6000
	2.2	3.0					
J			0.5	0	52000	48000	0

上、下行全日分时客流分布 表 3-10

时间	7：00—8：00	8：00—9：00	9：00—10：00	10：00—11：00	11：00—12：00	12：00—13：00
分布（%）	11	13	6	5	8	6
时间	13：00—14：00	14：00—15：00	15：00—16：00	16：00—17：00	17：00—18：00	18：00—19：00
分布（%）	5	9	6	8	12	11

2. 编制任务

（1）绘制全线列车运行图（二分格运行图），编制的时间范围是7：00—13：00。
（2）计算运行图相关指标。

3. 列车运行图的编制步骤

（1）选定铺画运行图的图纸类型，铺画详图时选用二分格运行图。
（2）确定车站在图上的位置（按站间运行时间比例确定）。
（3）根据营业时间和全日分时行车计划确定各时段开行的列车数，并确定列车发车间隔。

①根据各站上、下车人数统计推算出各断面客流量（由表 3-11 推算出表 3-12）。
②由各断面客流量推算出全日列车开行计划（由表 3-12 推算出表 3-13）。

各站上、下车人数统计　　　　　　　　　　　　　　　　　　　　　　表 3-11

车　　站	下行上车人数（人）	下行下车人数（人）	上行上车人数（人）	上行下车人数（人）
A	29190	0	0	14520
B	30760	3260	2100	13320
C	7820	43900	10700	11060
D	4390	7530	12720	3420
E	0	17470	16800	0

断面客流量　　　　　　　　　　　　　　　　　　　　　　表 3-12

区　　间	下行（人次）	上行（人次）
A—B	29190	14520
B—C	56690	25740
C—D	20610	26100
D—E	17470	16800

全日列车开行计划　　　　　　　　　　　　　　　　　　　　　　表 3-13

时　　间	全日分时最大断面客流分布比例（%）	最大断面客流量（人次）	分时开行列车数（列）	发车间隔
5：00—6：00	15	8504	7	8min30s
6：00—7：00	50	28345	21	2min50s
7：00—8：00	100	56690	30	2min
8：00—9：00	70	39683	29	2min5s
9：00—10：00	50	28345	21	2min50s
10：00—11：00	40	22676	16	3min40s
11：00—12：00	45	25511	18	3min15s
12：00—13：00	50	28345	21	2min50s
13：00—14：00	55	31180	23	2min35s
14：00—15：00	60	34014	25	2min25s
15：00—16：00	60	34014	25	2min25s
16：00—17：00	70	39683	29	2min5s
17：00—18：00	90	51021	28	2min5s
18：00—19：00	60	34014	25	2min25s
19：00—20：00	50	28345	21	2min50s
20：00—21：00	30	17007	12	5min
21：00—22：00	20	11338	9	6min35s
22：00—23：00	15	8504	7	8min30s

（4）确定列车的交路计划及各时段各交路开行的列车数。

（5）精确地铺画每一条运行线。运行线要严格按站间运行时分和车站停留时间来推算，每条运行线从列车始发站开始铺画，并包含折返站运行线。

(6) 非高峰期列车开行数减少时，列车回库或停在存车线。

(7) 重复上述过程，直到所有运行线均铺画完毕，并得到符合标准的运行图。

4. 绘图符号如图 3-8 所示

图 3-8　绘图符号

5. 运行图示意图

下文以某地铁运行图为例对运行图进行介绍。

(1) 图头部分（图 3-9）。

	站间公里(km)	运行时分	累计运行时分		站停时分		站名
			下行		下行	上行	
	1.714	2′　　1′	56′		30″　　1′		四惠东
进行列车数：上行217列	1.673	2′30″	2′	53′	30″		四惠
下行217列	1.385	2′	5′	50′30″	30″		大望路
总计434列	0.790	1′	7′30″	48′	30″		国贸
运用车组数：43组	1.377	2′	9′	46′30″	30″		永安里
列车编组数：6辆	1.230	2′	11′30″	43′30″	1′		建国门
列车最小发车间隔：3′	0.774	1′	14′30″	41′	30″		东单
列车单程运行时分：上行56′	0.852	1′30″	16′	39′	1′		王府井
下行56′	0.925	1′30″	18′30″	37′	30″		天安门东
运行速度：33.2km/h	1.217	1′30″	20′30″	35′	30″		天安门西
技术速度：44.8km/h	1.596	2′	22′30″	33′	30″		西单
首末车时间：	0.424	1′	25′	30′	1′		复兴门
四惠东站：首车05：05	1.291	2′	27′	28′30″	30″		礼士路
末车23：15	1.166	1′30″	29′30″	26′	30″		木樨地
苹果园站：首车05：10	1.172	1′30″	31′30″	24′	30″		军博
末车22：55	1.313	1′30″	33′30″	21′30″	1′		公主坟
复兴门站（首车）：	1.778	2′	36′	19′	1′		万寿路
上行：5：15	1.810	2′	39′	16′	1′		五棵松
上行：5：10	1.479	2′	42′	13′	1′		玉泉路
古城站（首车）：4：58	1.953	2′30″	45′	10′30″	30″		八宝山
高峰小时最大运力：48000人次/h	1.921	2′30″	48′	7′	1′　　30″		八角村
全日走行公里：80724车公里			51′30″	4′	30″		古城
全日平均满载率：50%	3.740	4′　　4′					洞口
							古段
			56′	上行			苹果园
							五十二
							五十三

（注：本图中 ××min××s 写为 ××″××′）

图 3-9　某地铁运行图图头部分

46

（2）图端部分（图3-10）。

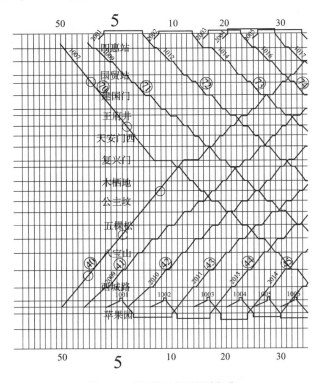

图3-10 某地铁运行图图端部分

（3）图中部分（图3-11）。

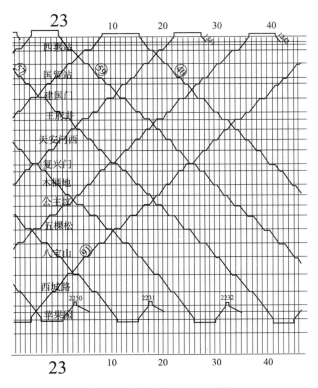

图3-11 某地铁运行图图中部分

6. 运行图指标计算及相关问题

（1）开行列车数

凡列车在运营线路上行驶一个单程，不论列车交路长短，均按一列计算。开行列车数按上、下行分别计算，一般用 n 表示。

（2）折返列车数

折返列车数按各个折返站分别计算。

（3）行车间隔

行车间隔包括高峰小时与非高峰小时时段。

（4）首、末班列车始发站发车时刻

首、末班列车始发站发车时刻是重要的运行图指标。

（5）列车技术速度

技术速度（$v_{技}$）指不包含停站时间在内的列车在站间平均运行的速度。

$$v_{技} = \frac{\sum nL}{\sum nt - \sum nt_{停站}}$$

式中：$v_{技}$——技术速度，km/h；

L——单列列车运行公里数，km；

t——单列列车旅行总时间，h；

$t_{停站}$——单列列车在中间站停站时间之和，h。

（6）列车旅行速度

旅行速度（$v_{旅}$）指列车从始发站到折返站的平均运行速度。

$$v_{旅} = \frac{\sum nL}{\sum nt_{停站}}$$

（7）输送能力

$$输送能力 = \sum（客运列车数 \times 列车定员）$$

（8）高峰小时运用车组数

高峰小时运用车组数按早、晚高峰小时分别计算。

（9）列车周转时间

列车周转时间（$\theta_{列}$）指列车在运营线路上往返一次所消耗的全部时间。其包含列车在区间运行时间、列车在中间站停留时间，以及列车在折返站作业停留时间。

$$\theta_{列} = \sum t_{运} + \sum t_{站} + \sum t_{折停}$$

（10）车辆总走行公里

车辆总走行公里包括图定的车辆空驶里程。

$$车辆总走行公里 = \sum（客运列车数 \times 列车编组辆数 \times 列车运行距离）$$

（11）车辆平均日车公里

车辆平均日车公里（$s_{日}$）指某一辆运营车在一日内平均走行的公里数。

拓展与提高

上网或通过其他途径了解国内外城市轨道交通企业的运输计划，分析并思考运输计划与客流的关系、运输计划与客运组织管理的关系。

实践训练

组织学生参观城市轨道交通运营公司的调度指挥中心，了解实际工作中运输计划制定的形成过程，以及运输计划在运营管理中的地位与作用。

思考题

1. 城市轨道交通运输计划一般包含哪些？
2. 简述城市轨道交通客流计划的主要内容。
3. 简述城市轨道交通全日行车计划的主要内容。
4. 说明城市轨道交通全日行车计划的编制步骤。
5. 城市轨道交通列车开行方案主要包括哪些内容？
6. 试分析不同的列车开行方案的比选因素。
7. 说明城市轨道交通车辆配备、运用与检修计划的主要内容。

 实训任务

请扫描二维码，查阅本模块实训任务相关内容。

模块三实训任务

模块四

城市轨道交通客运组织

知识提要

（1）车站客运作业；
（2）车站客运服务；
（3）换乘概述；
（4）换乘分析及改善；
（5）城市轨道交通与其他交通方式换乘；
（6）车站大客流组织；
（7）节假日客流组织；
（8）大型活动中的客流组织与管理；
（9）突发事件客流组织。

模块任务

（1）掌握城市轨道交通车站客运作业的基本要求和作业制度；
（2）掌握城市轨道交通车站客运服务的基本要求；
（3）掌握城市轨道交通换乘的方式；
（4）掌握城市轨道交通换乘方案设计及选择的主要决定因素；
（5）掌握城市轨道交通与其他交通方式换乘的主要内容；
（6）掌握大客流的定义；
（7）掌握车站客流的特征；
（8）掌握大客流组织与调整的方法；
（9）分析节假日的客流特点；
（10）分析大型活动、突发事件客流组织案例。

模块准备

（1）某一个或多个城市轨道交通运营企业车站客运作业的相关案例，包括车站各岗位职责及作业流程。

（2）某一个或多个城市轨道交通运营企业不同城市轨道交通线路间换乘的相关案例，包括换乘车站的设计、换乘车站的客流组织等；城市轨道交通与城市其他交通方式之间换乘的相关案例。

(3) 城市轨道交通车站节假日、大型活动、突发事件客流组织的相关案例。

理论知识

城市轨道交通网络是一个复杂的大系统，人、车、线路、车站是其基本构成要素。在具体可见的物态网络背后汇聚着城市轨道交通文化和城市现代气息，这是城市居民相互联系的又一纽带。城市轨道交通为城市提供了一种大容量、运送速度较快的交通方式，具有客流量大、以车站为客流集散地、线路固定的特点。为乘客提供安全、迅速、便捷、舒适的服务是各城市轨道交通企业的宗旨，而客运组织则是客运服务工作的一个关键环节。

单元一 车站客运组织

一 车站客运作业

1. 车站组织结构及各岗位职责

城市轨道交通车站的客运作业按车站的组织结构实行车站层级管理，不同层级的人员各司其职，分工协作。不同的城市轨道交通运营企业的车站组织结构各不相同。下面以沈阳地铁为例，说明车站的组织结构及各岗位的客运作业职责。沈阳地铁 1 号线为"自然站"设置，每中心站配备一名站长，负责所辖车站的全面管理，其车站层级管理框架如图 4-1 所示。

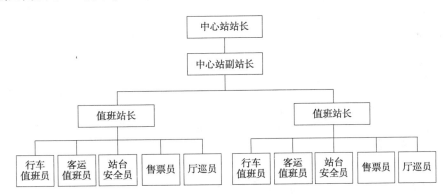

图 4-1 沈阳地铁车站层级管理框架图

在正常情况下，一般城市轨道交通车站实行逐级负责制，依次为：中心站站长→中心站副站长→值班站长→值班员（行车值班员、客运值班员）→站务员（站台安全员、售票员、厅巡员）。信息汇报实行逐级汇报，由下至上依次为：站务员→值班员→值班站长→中心站副站长→中心站站长。在非正常情况下可越级管理、越级汇报。车站各层级人员均有的管理权限是对车站的保安、保洁、安检、施工人员等站内工作人员进行管理。车站的管理范围为车站内部。

1）中心站站长的管理权限和范围

（1）代表企业在所管辖各车站行使属地管理权，全面负责所辖各车站的现场管理，负责本站的消防、安全、行车、施工、票务、服务和客运组织等工作，直接控制车站的运作及其系统运行。根据上级的要求计划、组织、指挥、控制、协调日常工作，开展各岗位工作考评。

（2）对站务部的工作有建议权。

（3）对所辖各车站员工有岗位临时调整权（车站内部）、监督考核权、晋升推荐权，对车站员工奖金按考核规定进行拉差分配。

2）中心站副站长的管理权限和范围

（1）负责对所辖车站站务人员进行日常行政管理。

（2）对所辖各车站保安、保洁、安检工作质量进行考核，对保安、保洁、安检、各专业维修人员、施工人员等站内工作人员进行监督管理。

（3）对中心站的工作有建议权。

3）值班站长的管理权限和范围

（1）负责对当班的站务人员、保安、保洁、安检、各专业维修人员、施工人员等站内工作人员进行监督管理。

（2）对车站违章、违纪员工和危及行车安全、设备安全、乘客人身安全的行为有临时处置权。

（3）负责本班内各岗位员工的工作安排和管理。

（4）站长不在车站时，履行站长的工作职责。

（5）对站长负责，有权向本班组、车站提出本人的建议和意见。

（6）对本班员工的奖罚、岗位临时调整、晋升有建议权。

（7）落实分公司、中心、部的有关规章制度。

4）行车值班员的管理权限和范围

（1）负责对当班的站务员、施工人员等站内工作人员进行管理。

（2）执行企业、中心、部的有关规章制度。

（3）对车站行车、设备运行安全负责。

（4）有权向本班组、车站提出本人的建议和意见。

（5）须主动向值班站长汇报本班设备、设施运作情况和各岗位工作情况。

5）客运值班员的管理权限和范围

（1）对站务员进行管理。

（2）执行分公司、中心、部的有关规章制度。

（3）对车站现金收益、票务工作负责。

（4）有权向本班组、车站提出本人的建议和意见。

（5）客运值班员须主动向值班站长汇报本班票务、客运、保安、保洁和各岗位工作情况。

6）站务员的管理权限和范围

（1）有权对本班车站内的保安、保洁、安检、施工人员等进行管理。

（2）对车站管理工作有权向本班组、车站提出本人的建议和意见。

7）车站治安工作

车站常驻人员有站务人员、保安、保洁、安检、各专业维修人员、公安人员。车站成立以站长为组长，车站公安负责人为副组长，车站工作人员、保安、安检及其他中心驻站人员为组员的综合治安小组。综合治安小组每月至少组织一次会议，解决、协调车站内的治安等工作。

8）站务员与各单位人员工作合作

站务员与各单位人员工作中主要合作的内容包括：

（1）综合治安小组成员相互通报相关信息。尤其在重大节假日前，站务员应将有关行车方案及站内客运应急方案通报各部门。

（2）定期组织消防检查或应急疏散演练。

（3）车站站长、值班站长可调动保安、保洁、安检、各专业维修人员，参与车站特殊情况下的客运组织及大客流应急处理。

2. 客运作业基本要求

车站客运作业包括售票作业、检票作业和站台服务等。车站是轨道交通对乘客服务的窗口，车站客运作业直接面对乘客，客运作业（服务）的质量，既反映了城市轨道交通的乘客服务水平，也反映了城市轨道交通的运营管理水平，关系到乘客对城市轨道交通的满意度。对车站客运作业的基本要求如下。

1）站容整洁

车站内外应门窗完整、明净；各种设备和设施摆放整齐、有序；站台、站厅、通道及出入口的墙壁光洁，地面无痰迹和废物；厕所清洁卫生。

2）导向标志齐全

在各种导向标志中，为乘客指引方向的导向标志是最主要的。车站外应有车站出入口、站名等导向标志；车站内应有到达出入口、售票处、检票口、站台和紧急出口等导向标志；站台上应有站名、列车运行方向等导向标志。此外，还应有警示性和服务性导向标志，如指引乘客换乘其他城市轨道交通线路或常规公交线路的导向标志等。

3）优质服务

客运作业人员应遵守职业道德，文明、礼貌、规范地为乘客提供服务，对老弱病残孕乘客应重点照顾。耐心、正确地回答乘客提出的问题，帮助乘客解决疑难问题。经常征询乘客的意见，及时改进工作，提高客运服务水平。

4）遵章守纪

客运作业人员应认真执行客运规章制度，服从命令、听从指挥。执行职务时，客运人员要仪表整洁、按规定着装并佩戴标志。

5）掌握客流规律

分析客流统计资料，掌握车站客流在时间、空间上的分布与变动，对可能出现的大客流应有预见性。

6）搞好联劳协作

客运作业人员应与车站值班员、列车司机、公安人员等有关工种作业人员加强联系，密切配合，协同工作，确保列车按图运行，保证行车安全与乘客安全。

3. 车站客运作业内容

1）售检票作业

按是否设置检票口，车站售检票有开放式售检票和封闭式售检票两种方式。按是否采用自动售检票设备，封闭式售检票又有人工售检票和自动售检票两种方式。

人工售检票速度慢，售检票人员配备较多，较难减少无票乘车、越站乘车事件。自动售检票能为乘客提供便捷的服务，检票口通过能力较大，售检票人员配备较少，能较好减少无票乘车、越站乘车事件。

售票组织

（1）人工售检票。

①售票作业。

售票作业既要有较快的售票速度，又要求票款不能出差错，还要求售票员随时耐心解答乘客的询问。

售票员应按票号顺序出售车票，在售票中执行"一唱、二售、三找、四清"作业程序。售票员必须离开岗位时，应与指定专人办理交接手续。与售票作业无关人员不得进入售票室。

车站应根据客流情况开足售票窗口。遇有大客流集中到达，应指定专人维护售票处秩序，并增开售票窗口。遇有列车运行秩序紊乱等特殊情况时，车站应按行车调度员的调度命令进行售票。停止出售当日车票，必须要有调度命令。

一般情况不办理退票，特殊情况需要退票时，应得到站长同意。退回车票不得再出售。在退回车票背面加盖退票戳记，进行登记后上缴。

严格执行票务有关规章制度，车票与票款的管理做到不丢失、无差错、日清、月结、账款相符。车票遗失、票款缺少，有关责任人应进行赔偿。

②检票作业。

在检票中，检票员应执行"一看、二打孔、三放行"作业程序，认真核对车票的日期、车站等，防止出现无票乘车及使用废票、伪票与无效证件乘车事件。认真做好票卡分析和补票工作。严禁以售代检和收存有效车票。在客流较大时，应积极疏导乘客，组织乘客有秩序地进站乘车。

城市轨道交通禁止携带易燃、易爆、有毒和放射性、腐蚀性危险品乘车，禁止携带宠物乘车，检票员在检票时应认真执行、履行职责。

（2）自动售检票。

自动售票机和检票机能自动完成售检票作业。但车站还配置了半自动售票机，需要配备售票员。此外，有的企业在收费区还配备一名票务员。

售票员输入密码和识别码，登录半自动售票机，然后进行车票发售、车票分析和对车票进行更新等作业。

收费区票务员作业的主要内容是车票分析、处理和补票，以及指导乘客正确使用检票机等。

2）站台服务作业与乘客投诉处理

（1）站台服务作业。

站台服务员作业的主要内容是接送列车、组织乘降和站台管理。

①接送列车。

站台岗站务员
接发列车作业

站台服务员在接送列车时，应精神饱满、思想集中，站在指定位置，面向列车，目送目迎，注意列车运行状态。遇有危及行车安全和乘客安全的险情，应立即采取有效措施并及时向车站值班员报告。

在列车到发过程中，提醒乘客在安全线内候车，上车时注意安全，维持站台上的候车秩序。

②组织乘降。

列车到达前，应组织乘客尽可能在站台上均匀分布候车，以缩短列车停站时乘客乘降时间。列车到达后，提醒乘客先下后上。对通过列车，应及时广播通知候车乘客。列车到达终点站后，要及时做好清客工作，严禁列车带客进入折返线或车辆段。因特殊原因须在中间站清客时，应耐心做好解释工作，迅速清客。

③站台管理。

加强站台巡视，防止乘客跳下站台或进入隧道。注意候车乘客动态及其携带物品，发现异常、可疑情况，或闲杂人员在站台上长时间停留，应及时与有关人员取得联系，进行处理。与列车司机密切配合，防止车门夹人、夹物，或车门未关闭而列车起动等现象，保证乘客安全。遇发生伤亡事故，应保护现场，疏导乘客，做好取证，并协助清理现场。

（2）投诉及客伤处理。

城市轨道交通企业作为一个服务性的行业，投诉及客伤处理是不可避免的。妥善接待、处理投诉及客伤，是良好的企业形象、企业管理水平的体现。

乘客投诉是指乘客对城市轨道交通运营服务质量提出不满意见，涉及规范服务、乘车环境、票款差错和列车运行等方面。按承担责任，投诉分为有责投诉和无责投诉。有责投诉按事件的严重程度分为一般有责投诉和严重有责投诉。

严重有责投诉是指乘客对城市轨道交通运营服务质量的投诉，经查实确为城市轨道交通方责任，并且事件的情节与后果严重，给社会造成较大的不良影响。

①投诉的处理。

城市轨道交通运营管理企业应建立相应的投诉处理制度，并可指定运营服务主管部门受理，也可设立服务热线接待乘客的咨询和投诉。对乘客的投诉，应认真受理，及时调查，按时回复。车站在接到投诉（通知）后，应及时进行调查，并将调查核实情况报告主管部门。对一般投诉，原则上应在 3 日内处理完毕。处理投诉时应做到态度诚恳、用语文明、依章解释，并追访乘客对投诉处理是否满意。

投诉的接待处理作为企业的一个服务窗口，要求工作人员应具有一定城市轨道交通运营管理的专业知识和经验，了解企业的有关规章制度，语言得体，思维敏捷。

乘客投诉处理也是企业质量管理的一个组成部分，从投诉中可以发现企业管理的薄弱环节，一些好的建议和想法也是在乘客的投诉中引起管理部门的重视，从而进行改进完善。因此，投诉的接待处理是企业日常管理工作的一个组成部分，对提高服务质量和管理水平起着促进作用。

②客伤的处理。

客伤是指乘客在城市轨道交通管辖的运营区域内发生的人身伤害及伤亡事件的总称。

客伤的处理原则是：真诚待人，实事求是，适时安抚，协商解决。同处理投诉一样，能否妥善处理好客伤事件直接影响到企业的对外形象，因此，企业应制定客伤处理的规则，指定专门部门和专人负责客伤事件。处理客伤的工作人员要了解企业的各项规章制度、设施设备的工作和使用要求，并掌握一定的法律知识。

城市轨道交通企业为了维护企业的利益和乘客的利益，应向保险公司投保或设立安全基金，以帮助企业妥善处理客伤理赔事宜。从客伤的处理中，也可反映出运营管理中的缺陷和一些设备设施方面的不完善，帮助企业发现问题、解决问题，更好地做好为乘客服务的工作。

3）客运作业考核

根据运营统计数据，可采用下面 6 个指标对车站客运作业效率和客运服务水平进行考核。

（1）车站客运量。

报告期内车站运送（包括换乘）的乘客人数。

（2）人均客运量。

报告期内客运人员人均服务的客运量。

$$人均客运量 = \frac{车站客运量}{车站客运人员}$$

（3）售票差错率。

报告期内票款差错额与票款总额之比。

$$售票差错率 = \frac{票款差错额}{票款总额} \times 100\%$$

（4）乘客投诉表扬率。

报告期内乘客表扬件数与有责乘客投诉件数之比。

$$乘客投诉表扬率 = \frac{乘客表扬件数}{有责乘客投诉件数} \times 100\%$$

（5）乘客投诉处理率。

报告期内已处理的有责乘客投诉件数与有责乘客投诉件数之比。

$$乘客投诉处理率 = \frac{已处理的有责乘客投诉件数}{有责乘客投诉件数} \times 100\%$$

（6）自动扶梯停用率。

报告期内自动扶梯停用时间与营业时间总和之比。

$$自动扶梯停用率 = \frac{自动扶梯停用时间}{营业时间总和} \times 100\%$$

二 客运服务

1. 客运服务流程

服务可定义为具有无形特征的一种或一系列活动，通常发生在顾客同服务提供者及其有形的资源、商品或系统相互作用的过程中，以便解决消费者的有关问题。城市轨道交通的服务是为广大乘客提供安全、便利、舒适、快捷的乘车、候车环境。

不管是何种形式的车站（高架、地下、地面），进出站乘客最基本的流线是：进站—购票—进闸—站台候车—乘车—站台下车—出闸—出站。根据进出站乘客的基本流线，车站需要提供如下客运服务。

1）引导乘客进站

在城市轨道交通各出入口设立明显的导向标志，方便乘客识别并根据导向指示进站乘车。在一些城市轨道交通比较发达的城市，几乎每隔500m即有一个明显的导向标志，便于乘客选择各出入口进站。

2）问询服务

车站的问询服务可分为有人式服务和无人式服务。车站的工作人员应向问询的乘客提供服务，但随着时代的发展，车站的问询服务向自助式服务方向发展。车站设置查询设备，可供乘客对出行线路、票价以及各类票卡的金额进行查询。

一些城市采用的自动售票机可实现售票和部分问询功能一体化。

3）售检票服务

目前，世界各国城市提供售票服务的主要形式是人工发售或自动发售为主、人工发售为辅，而且后者已经成为城市轨道交通售票服务的主流形式。采用自动售检票系统可以提供更为准确的售票服务，提高服务效率和水平，从长远发展角度来看，也可以提高企业的经济效益。

4）组织乘降

站台应设有明显的候车安全线，提示乘客在列车未进站停稳、车门未完全打开之前，不要越过安全线，以防发生意外事件。有的城市采用站台门技术，既可以为乘客提供一个舒适的候车环境，又能保障乘客的候车安全。另外，车站还用广播为乘客预报下次进站列车的方向。现在已经有两种新的广播方法投入运用：一种是自动广播系统，当后续列车驶入接近区段时，广播系统自动工作；另一种为在站台设置同位显示器，向乘客预告列车运行情况及还需几分钟到站。

5）验票出站

乘客到达目的站后，持票卡验票出站。车站应有各类导向标志，引导乘客从所需的出入口出站。对所购票卡票款不足的乘客，车站应提供补票服务，可使用自动售检票系统提供该服务。车站还须提供票卡分析服务。

如图4-2所示为某车站站厅层的客流流线图。

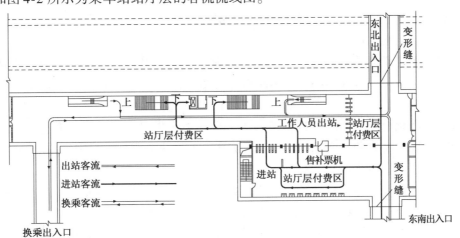

图4-2 某车站站厅层的客流流线图（尺寸单位：mm）

2. 客运服务质量控制

城市轨道交通系统是一个技术密集型的大联动机，整个系统工作状态的好坏，直接表现在是否能安全、舒适、快捷地运送乘客，客运服务工作是反映城市轨道交通运营管理企业管理水平的重要标志。服务质量对于一项服务产品的设计相当重要,服务质量也是判断一家服务公司好坏的主要依据。因此,服务质量的控制对于提高城市轨道交通运营管理企业的服务及管理水平有着重要意义。

1) 服务质量内容

服务质量是一种综合质量,是对城市轨道交通运营管理理念的研究和探讨,由企业形象、技术性质量和功能性质量三部分组成。

(1) 企业形象。

企业形象是指公司的整体形象及整体魅力。城市轨道交通系统面向大众、服务大众的社会特征,决定了其运营管理企业不仅要讲究经济效益,更要考虑社会效益。企业文化的发展及企业良好的社会形象是企业管理水平的体现。

(2) 技术性质量。

技术性质量即提供的服务具备的适当的技术属性。提高技术性质量可通过采用新技术,提高城市轨道交通运行安全的保障力度,为乘客提供一个舒适的乘车、候车环境。

(3) 功能性质量。

功能性质量研究服务是如何提供的。提高服务性质量是指对客运服务的整个流程进行分析研究,不断完善各项服务设备及辅助性服务设施,增强各类设施、设备的功能性和简便实用性,以便更好地满足乘客的需求。

2) 客运服务质量评价

(1) 服务质量概念。

研究质量管理的学者对服务质量有不同的定义,比较有代表性的是早期的符合性定义与后来的满足性定义。

早期的符合性定义认为:服务质量是以提供的服务是否符合设定标准为衡量依据,符合设定标准的程度反映了服务质量的水平。

后来的满足性定义认为:服务质量是以提供的服务是否满足顾客期望为衡量依据,满足顾客期望的程度反映了服务质量的水平。

上述两个定义均反映了服务质量概念的某一方面,存在一定的片面性。但满足性定义强调服务应以顾客为中心,顾客对服务的期望和体验是评价服务质量的基本依据,显然是一大进步。

国际标准化组织下属的质量管理和质量保证技术委员会将服务质量定义为:满足规定要求和隐含需要的特性总和。该定义综合了上述两个服务质量定义的内涵。

(2) 服务质量评价指标。

进行车站客运服务质量评价,首先应构建一组评价指标。构建评价指标应遵循全面性、针对性、独立性和可操作性等原则。

全面性是指评价指标应能系统地评价客运服务质量;针对性是指评价指标应能反映客运服务质量的主要方面;独立性是指各个评价指标的内涵不能相互替代;可操作性是指评价指标不宜太多,乘客评价意见易于采集与处理。

在构建评价指标时,应在分析车站客运服务内容的同时,重点分析乘客从进站到上车(或从下车到出站)过程中对车站客运服务的期望。根据分析,乘客对车站客运服务的期望主要是便捷、舒适与安全，而车站客运服务的内容主要是乘客导向、售检票、乘降组织、车站环境、对老弱病残孕乘客的特殊服务等。因此，车站客运服务质量可用便捷性、舒适性和安全性等指标来评价。

①便捷性。便捷性主要反映乘客在车站内所需时间和方便程度。对便捷性的评价可以考虑采用导向标志设置、售检票作业、列车信息提供、换乘时间等指标。

②舒适性。舒适性主要反映乘客对车站及候车环境的总体感知。对舒适性的评价可以考虑采用卫生、温度、湿度、新风量、照明、自动扶梯使用、高峰小时拥挤程度、无障碍化、服务态度、有责投诉及其处理等指标。

③安全性。安全性主要反映乘客在车站内免除危险的程度。对安全性的评价可以考虑采用候车秩序、站台安全、乘客疏导、应急救援措施等指标。

3) 服务质量评价方法

车站客运服务质量涉及多方面属性，因此，评价指标体系是多层次结构的。例如，在评价指标体系中，第一层次是综合指标，即乘客满意度；第二层次是要素指标，即便捷性、舒适性和安全性；第三层次是各个特征指标。此外，乘客的评价意见是一种定性评价，具有一定的模糊性。

因此，车站客运服务质量评价是典型的多因素、多指标综合评价，可以采用模糊综合评价方法来对服务质量进行评价。该评价方法具有数学模型简单、综合评价效果较好等特点。

3. 客运服务标准

在每一个服务环节设置完善的硬件设施，制定客运服务标准，提高每一个环节的服务质量，才能为乘客提供优质的服务，让乘客满意。表4-1～表4-8分别列出了某城市轨道交通企业车站不同环节的客运服务标准。

进站环节客运服务标准　　　　　　　　　　　　　　　　　　表4-1

服务项目	客运服务标准	备注
乘客进站	（1）确认本站各出入口的地面导向标志指引清晰、正确，能正确地指引乘客找到地铁进站口，若地面导向标志损坏、指示错误或不明晰，车站员工应及时上报。 （2）确保各出入口的拉门在运营时间内打开，每天开门时间要在该站头班车之前15min开启。 （3）确认出入口公告栏信息（票价、时刻表等）、地下导向标志的指引正确，确保通道、站厅处乘客乘车守则等宣传框的清晰、齐备，严格按照站务室要求执行；若有误，车站员工应及时上报。 （4）确保通道照明设施状态良好，有足够的光亮度。 （5）确保各种悬挂设施牢固稳定、完整，非悬挂设施完整无缺，没有伤及乘客的危险。 （6）确保通道、站厅卫生清洁，无杂物、纸屑，无积水；若发现地面不清洁或有积水，立即通知保洁处理，并在有积水处放置"小心地滑"的告示牌。 （7）乘客询问如何乘车或厅巡巡视时发现有不明确乘车程序的乘客，应主动给予帮助	当班的值班站长应该多巡站

续上表

服务项目	客运服务标准	备注
乘客携带大件行李进站	（1）将物品度量器摆放在进、出闸机明显的地方，有利于工作人员进行测量和乘客进行识别。 （2）当乘客携带超长、超重的行李时，向乘客解释"对不起，您不能携带超长（超重）的物品进站，请您改乘其他交通工具"。 （3）符合规定的行李要求乘客购买行李票。 （4）必要时厅巡协助携带允许的大件物品的乘客进站	厅巡发现乘客携带行李，应主动引导
乘客携带气球（宠物）进站	厅巡应及时制止，并向乘客解释"对不起，为了您的安全（保持车站的环境），请不要携带气球（宠物）乘车，多谢合作"	
乘客进站时乱扔乱吐	（1）厅巡应及时制止，并解释"对不起，按市政府规定，在公共场所乱扔乱吐，将处以罚款，请您下次注意"。 （2）厅巡立即通知保洁进行清扫，不得影响车站的美观环境	
当乘客询问工作人员自身不熟悉的乘车线路时	按服务标准，对乘客的问题做到有问必答，如果出现工作人员自身不熟悉的地址或乘车线路时，不能主观臆断地告之乘客，应告诉乘客"对不起，我不清楚，我帮您询问其他工作人员"。若车站其他工作人员都不知道时，此时应礼貌地向乘客解释	
当乘客要求找人、找物时	真正树立"想乘客之所想，急乘客之所急，帮乘客之所需"的主动服务意识。车站应记录乘客的找人、找物信息，立即向行车调度员汇报，请行车调度将此信息通报各站，发动各站进行寻找，并请乘客留下地址、联系电话，以便联系	

购票环节客运服务标准 表4-2

服务项目	客运服务标准	备注
当乘客询问如何购票时	（1）乘客询问如何购票时，应回答"如果您需要买单程票，请您到自动售票机购买；如果您需要买储值票，可直接在售票亭购买"。 （2）厅巡对老人、小孩应给予积极主动的服务	厅巡应多巡视，主动指引乘客到自动购票机购买单程票
当乘客使用的设备不良时	（1）当乘客使用的TVM等设备不良时，厅巡应立即挂"暂停服务"牌，并请乘客使用另一部机器。 （2）同时将设备故障报站控室，及时通知相关人员维修	厅巡应及时巡视，确保TVM等状态正常
乘客购买储值票时	售票员严格执行"一收、二唱、三操作、四找零"的程序，并且将赋值成功的车票插入BOM后说"请看显示器显示是否为××元的车票"，乘客确认无误后，说"找您××元，一张××元的车票"	

续上表

服务项目	客运服务标准	备注
当找不开零钱时	售票员应有礼貌地询问乘客"请问您有零钱吗?",或者说"对不起,这里的零钱刚刚找完,请您稍等,我们马上备好零钱",或"麻烦您到对面票亭去兑换"	车站必须尽量避免出现零钱储备不足的情况
处理硬币不足的情况	(1)向乘客耐心解释"对不起,这里的硬币刚好兑换完,麻烦您到对面票亭或银行去兑换硬币"。 (2)立即通知客运值班员增配硬币	科学配币,及时巡视,避免出现硬币不足的情况
处理乘客付给的假钞、残钞	(1)除缺损1/4以上、破旧辨认不清面值的纸币不收外,其余都应按规定收取。 (2)售票员发现乘客使用假钞,应耐心向乘客解释"您这张钱不能使用,请您另外换一张人民币"。 (3)如解释仍无效,可报告值班站长或请求公安出面处理。 (4)若遇到面值较大或数量较多的假币,应立即报告值班站长或请求公安出面处理	
因票款不符而与乘客发生纠纷	(1)车站工作人员向乘客解释"对不起,我们的票款是当面点清的,请您再确认一下您的票款是否正确,如果确实有误,我们立即进行封窗查票"。 (2)乘客票款确实有误时,值班员以上人员立即进行封窗查票,若售票员长款,应马上把钱退还给乘客,向乘客解释"对不起,由于我们工作的疏忽给您带来的不便,希望您谅解,我们会避免发生此类事件"。若票款吻合,耐心向乘客解释,做好安抚工作,向乘客解释"对不起,经我们查实,票款没有差错,请您谅解和合作"。若乘客故意为难员工,可找公安配合处理	在售票亭显眼处张贴"票款当面点清"的告示;要求售票员遵守"一收、二唱、三操作、四找零"的程序操作
处理乘客卡币	(1)检查设备状态,如显示卡币,则按规定办理。 (2)如显示正常,则先由厅巡模拟购票给乘客看,若卡币,按规定为乘客办理;若无卡币,向乘客解释"对不起,经核查,机器没有出现故障,按我公司的票务政策规定,不能为您办理,请您谅解和合作"	
乘客要求退票	(1)向乘客解释单程票一律不给予退票,因地铁原因除外。 (2)储值票到票务处办理退票手续	

进闸环节客运服务标准　　　　　　　　　　　　　表4-3

服务项目	客运服务标准	备注
乘客进闸	(1)对第一次使用车票进闸的乘客、老年乘客,厅巡要协助他们使用车票,告知乘客"请按车票上的箭头方向插票,然后拿回车票通过,并妥善保管好车票"。 (2)对携带大件行李而不便进闸的乘客,厅巡应引导乘客去宽通道闸机进闸,并告诉乘客保管好车票	

续上表

服务项目	客运服务标准	备 注
处理超高小孩无票、成人逃票或违规使用车票的乘客	（1）发现超高小孩无票或成年人故意逃票，应马上上前制止，并要求其重新到票务处买票，解释"对不起，您超过了××m（或"您好，成年人应该买票"），请您购票，请配合我们的工作"。 （2）若发现违规使用车票的乘客（如成人使用学生票、年轻人使用老人票或老人半价票等有意逃票的行为），可按执法程序执法，必要时找公安配合	在进闸机、票亭处设立明显的标高标尺；加强对闸机的巡视
乘客进闸时饮食	厅巡应马上制止，并向乘客解释"为了保持车站及车厢的卫生，请勿在入闸后饮食，谢谢合作"	加强对进闸机的巡视
乘客乘坐电梯	乘客进闸后乘坐电梯到达站台，通过电梯扶手处张贴的宣传画、乘电梯守则和站厅广播等向乘客宣传"右侧站稳，左侧通行"，车站员工要多加强引导	广播按时播放
残疾人下楼	车站厅巡、护卫及时安排并帮助残疾乘客乘坐残疾人专用电梯	
老年乘客坚持乘扶梯而拒绝走楼梯	（1）进闸后，劝老人走楼梯或在家人陪同下到站台，或由厅巡陪同老人一起下楼梯，送至站台。 （2）利用广播宣传"老人乘坐扶梯请由家人陪同"	
如何处理摔伤乘客	（1）发现乘客摔伤，立即由车站工作人员搀扶到车控室，若乘客伤势严重，立即拨打120急救电话；若伤势较轻，可由车站提供外伤用药品。 （2）立即寻找两位目击证人，若因地铁原因造成的乘客摔伤，通知保险公司，按地铁有关规定处理；若因个人原因所致，则安抚乘客下次小心，必要时，通知其家人	

候车环节客运服务标准　　　　　　　　　　　　　　　表4-4

服务项目	客运服务标准	备 注
确保乘客候车的良好环境	确认站台卫生清洁，无杂物、纸屑，无积水。若发现站台不清洁或有积水，立即通知保洁处理，并在有积水处设置"小心地滑"的告示牌	值班站长每班巡站不得少于3次
乘客站在黄色安全线边缘或以蹲姿候车时，进行安全教育	（1）通过车站固定录音广播、人工广播不断向乘客宣传，强调"为了您的安全，请在黄色安全线内候车，请勿以蹲姿候车"。 （2）站台岗员工不断加强巡视，发现有乘客越出黄色安全线或以蹲姿候车，应立即用手提广播制止乘客的行为。 （3）发现身体不适，或年龄较大的乘客，可指引他们到候车椅上休息	车站应定时播放站台安全广播
乘客候车时吸烟	站台岗员工发现有乘客吸烟，应立即加以制止，并有礼貌地解释"对不起，为了安全，地铁站不允许吸烟，请您灭掉烟头，谢谢合作"	

续上表

服务项目	客运服务标准	备 注
处理小孩在站台追跑的情况	站务员应特别提醒家长带好自己的小孩,不要让他们随意在站台上奔跑,及时上前制止正在追逐打闹的小朋友,用人工广播强调"地面很滑,容易摔跤,请家长带好小孩,不要在站台追逐、打闹、奔跑"	
当站台有老人、小孩、精神异常者等特殊乘客时	(1) 发现有老人、小孩候车,应重点留意并指引他们到座位上等候。 (2) 发现有精神异常的乘客,立即通知车控室处理,并重点留意他们的动态,同时加强维持站台的秩序。 (3) 发现有身体不适的乘客,应主动上前询问情况,并指引他们到座位上休息。若乘客感到很不适,应立即通知车控室处理	站台岗员工应加强观察站台候车乘客的动态
乘客有物品掉下轨道	(1) 站台岗员工应立即提醒并安抚乘客"请勿私自跳下轨道,我们的工作人员将会尽快为您拾回物品,多谢合作"。 (2) 站台岗员工用对讲机通知车控室处理,同时要确保乘客不能有跳下轨道的行为	站台岗员工应对携带大件物品、推车、球类和在站台打手机的乘客多提醒,多留意
列车晚点,延误乘车时间	(1) 值班站长在列车晚点 10min 以上时,应立即采取措施,通知各岗位列车晚点,做好对乘客的解释工作。 (2) 按列车故障、晚点规定,在 SC(车站计算机)系统上设置列车故障模式。 (3) 用标准广播向乘客播放相关票务政策,为乘客提供全面的服务,让乘客满意	

乘车环节客运服务标准   表4-5

服务项目	客运服务标准	备 注
列车开门	(1) 列车自动开门后,司机确认气制动施加灯亮后,立即走出驾驶室,在站台立岗。 (2) 若采用人工驾驶列车时,则待列车停稳后,马上按规定程序(先确认,再呼唤,跨半步,再开门)打开车门,并立即进行立岗作业。 (3) 要求注意力集中,保持良好的站姿,发现有异常情况,马上用对讲机报告车站并协助车站处理	
乘客上车	站台岗员工通过人工广播或站台广播向乘客宣传"上车时,请小心站台与列车之间的空隙,在车门即将关闭时,请不要强行上车,以防被车门夹伤,耐心等待下一趟车"	
列车运行	(1) 列车在车站动车前,司机要通过监视镜,再次确认站台安全后才可动车。若发现有乘客突然越出黄色安全线,则马上采取措施并再次确认站台安全后才继续动车。 (2) 人工驾驶列车时,司机注意平稳操纵列车,做到起动、调速、进站停车平稳,准确对标,避免二次起动。	

续上表

服务项目	客运服务标准	备注
列车运行	（3）人工驾驶时，要按压主控手柄上的警惕按钮，严格控制速度，避免松开警惕按钮，超速产生紧急制动。 （4）列车在运行中，司机要加强瞭望前方线路，进站前鸣笛，发现有紧急情况马上采取紧急措施	
乘客在车厢内应遵守的地铁规章	通过车厢内的宣传标语、车站广播等多种方式向乘客宣传，严禁在车厢内攀爬、悬吊、睡卧、追逐、打闹等	
列车广播	（1）列车开动后，司机要确认列车上的广播已经正确播放。 （2）若自动广播发生故障，司机应进行人工广播，给予乘客正确指引	
车门夹人	（1）乘客未被夹伤，当要求有说法时，要耐心认真听乘客叙述事情经过，并进行分析。如因乘客抢上抢下被夹，应向其说明有关注意事项，希望乘客今后乘坐地铁提前做好上下车准备，避免再出现此类现象；确因地铁原因造成乘客被夹，应向其表示歉意。 （2）若乘客被夹伤，要求去看病时，首先要安慰被夹伤的乘客，并向乘客讲明自己正在当班，不能擅自离岗，通知值班员/值班站长处理。若因地铁原因造成的乘客夹伤，通知保险公司，按地铁有关规定处理	

下车环节客运服务标准　　　　　　　　　　　　表 4-6

服务项目	客运服务标准	备注
乘客下车	（1）站台岗员工通过人工广播或站台广播向乘客宣传"乘客下车时，请小心站台与列车之间的空隙，车门即将关闭时，请不要强行下车，谨防被车门夹伤"。 （2）对下车的老人和小孩，用广播宣传"请老人、小孩走楼梯或由家人陪同乘坐电梯"	
列车关门	（1）在确认乘客上下完毕后，DTI（发车时间显示器）显示 8~10s 时开始关门。 （2）司机掌握好关门时机，准确关门，发现有乘客抢上抢下时，要及时采用重开门按钮开门，避免夹伤乘客。 （3）车门关好后，马上呈立正姿势再次确认列车所有车门黄色指示灯灭，所有乘客离开黄色安全线，才进入驾驶室	
乘客乘坐电梯	乘客下车后乘坐电梯到达站厅，通过电梯扶手处张贴的宣传画、乘电梯守则和站厅广播等向乘客宣传"右侧站稳，左侧通行"	定时多广播
残疾人上楼	车站厅巡、保安及时安排并帮助残疾乘客乘坐残疾人专用电梯	

续上表

服务项目	客运服务标准	备注
乘客下车后在站台逗留时	站台岗员工注意下车乘客的动态,若发现有逗留在站台不出站的乘客,应主动上前询问情况,礼貌地告诉乘客不要在车站逗留,应该尽快出站	站台岗员工要提高警惕,避免发生逗留的乘客跳轨追车或跳至另一个站台等紧急情况的发生

出闸环节客运服务标准 表4-7

服务项目	客运服务标准	备注
有秩序地组织乘客出站	厅巡加强对出闸机的巡视,并通过人工广播的形式向乘客进行"关于单程票回收和一张票只能一人通过闸机"的宣传	
处理超高小孩无票、成人逃票或违规使用车票的乘客	(1) 发现超高小孩无票或成年人故意逃票出闸,应马上上前制止,解释"对不起,您超过了××m(或"您好,成年人应该买票"),请您补票,按地铁票务政策规定,补票是补全程××元,请您配合我们的工作"。 (2) 若乘客态度不好且不愿补票,应耐心地向他们解释地铁的票务政策;若乘客故意为难工作人员,可找公安配合。 (3) 若发现违规使用车票的乘客(如成人使用学生票、年轻人使用老人免费票或老人半价票等有意逃票的行为),可按执法程序执法,必要时找公安配合	加强对出闸机的巡视
携带大件物品的乘客	对携带大件物品且不便出闸的乘客,厅巡应引导乘客通过宽通道闸机;对需要买行李票的乘客,厅巡应向乘客收回行李票,并将行李票放入出闸机回收	
处理乘客卡票(含辨别是否真为卡票的方法)	(1) 在车站计算机上或到现场查看闸机状态,发现确实卡票,可按照规定办理。 (2) 找到车票后,向乘客询问有关车票的信息,确认车票是否为该乘客的,并做好相应的解释工作。 (3) 若车站计算机无报警,打开闸机时也没有找到车票,请AFC维修人员到现场确认,情况属实,则对乘客做好解释工作	
乘客手持车票出不了站	(1) 厅巡发现出不了站的乘客或听到求助门铃响后,及时赶到现场,请乘客到票务处的补票窗口办理。 (2) 向乘客做好解释工作,"对不起,您的车票已超乘,按规定需补交超乘车费××元",或"对不起,您的车票已超时,按规定需补款××元",或"对不起,您的车票有问题,我现在为您办理"	
售票员处理补票口车票	(1) 当付费区与非付费区均有人时,对乘客要做好解释工作,向其中一边的乘客解释"请稍等,待会帮您处理"。 (2) 经车票分析后,通过显示器告诉乘客,需要补票或者车票过期等信息	

出站环节客运服务标准 表4-8

服务项目	客运服务标准	备注
乘客出站	（1）确认站厅的出入口导向牌等标志信息正确、完整；若导向标志损坏，或指示出错，车站员工应及时通过运营日况、书面报告、口头报告等形式报到站务室。 （2）若乘客不确定自己出站的方向，车站员工应给予主动、热情的指引，不能欺骗或敷衍乘客	车站员工应熟悉地铁连接的各大建筑物、商场、学校、医院等场所，以及采取的换乘方式
处理乘客在地铁站逗留	厅巡发现有乘客在地铁站逗留时间较长，或坐在站厅的地上时，应及时问清乘客逗留的原因，礼貌地请乘客不要坐在站厅地面，请乘客尽快出站，以免影响车站正常的客运工作	
面对有投诉的乘客	（1）全体站务人员应具备预防服务冲突的两种优良品质，即宽容大度、与人为善。 （2）处理问题时应注意方式方法，采用"易人、易地、易性"的方式，耐心地做好乘客解释工作。寻求最佳的处理时机，避免投诉事件的发生。 ①易地：将乘客请到房间内或僻静处置，给乘客留面子。 ②易人：必要时，交给其他站务人员处理。 ③易性：原则性和灵活性有机结合	处理投诉尽量避免在乘客聚集的场所

单元二　车站换乘作业组织

随着国内城市轨道交通线网的加快建设和逐步形成，以及市民对减少换乘时间、提高出行质量的要求，换乘问题逐渐凸显并得到重视。良好的换乘不但关系到轨道交通的服务水平，而且关系到城市公共交通的吸引力。

乘客换乘虽是一个运营组织问题，但与规划设计密切相关。没有合理的换乘规划设计，良好的换乘就难以实现。因此，在线网规划及换乘站设计阶段充分考虑未来运营阶段的客流换乘优化是非常有必要的。

一　换乘概述

1. 换乘的方式

城市轨道交通的换乘包括乘客在线网内同一线路上换乘、乘客在线网内不同线路间换乘、乘客在轨道交通与其他交通方式间换乘3种情形。

乘客在线网内同一线路上换乘，主要是由于采用衔接交路或非站站停车方案引起的。列车跨线运行的优点是乘客无须换乘，充分运用运能，节约运用车辆数。但列车跨线运行也存在下列缺点：共线区段的通过能力限制了非共线区段的列车密度提高，从而使乘客的候车时间有所增加；共线区段的列车密度有可能大于客流密度，从而造成运能浪费；一条线路列车的运行延误可能会传递给线网中的其他线路，从而引起线网中多条线路的列车运行秩序紊乱。

鉴于存在上述不利于运营的因素，在客流量较大的城市轨道交通线网一般很少采用列车跨线运行组织方案。

城市轨道交通各条线路列车独立运行时，在不同线路间出行的乘客需要换乘。对乘客换乘而言，提高服务水平的关键是缩短换乘时间。在换乘站，换乘时间的长短主要取决于换乘走行距离，而换乘走行距离又与采用的换乘方式直接相关。

根据乘客换乘的客流组织方式，可将车站换乘方式分为站台直接换乘、站厅换乘、通道换乘、站外换乘和组合换乘5种。

1）站台直接换乘

（1）同站台换乘。两条不同线路的站线分设在同一个站台的两侧，乘客可在同一站台由甲线换乘到乙线，即同站台换乘。

同站台换乘

同站台换乘的基本布局是双岛式站台的结构形式，可以在同一平面上布置［图4-3a)］，也可以双层布置［图4-3b)］。这两种形式的换乘站都只能实现4个换乘方向（$A_1 \rightleftharpoons B_1$，$B_2 \rightleftharpoons A_2$）的同站台换乘，而另外4个换乘方向（$A_1 \rightleftharpoons B_2$，$B_2 \rightleftharpoons A_1$）则要采用其他换乘方式。

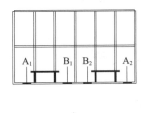

图4-3 同站台换乘车站形式

（2）上下层站台换乘。乘客由一个车站的站台通过楼梯或自动扶梯直接换乘到另一个车站的站台，如图4-4所示。

图4-4 上下层站台换乘车站形式

站台直接换乘的换乘线路短，没有换乘高度的损失，乘客换乘非常方便，如工程条件许可，应积极采用。

2）站厅换乘

站厅换乘是指乘客由一个车站的站台通过楼梯或自动扶梯到达另一个车站的站厅或两站共用的站厅，再由这一站厅到另一个车站的站台的换乘方式。

站厅换乘

站厅换乘与站台直接换乘相比，乘客换乘路线通常要先上（或下）再下（或上），换乘总高度大。若站台与站厅之间有自动扶梯连接，可改善换乘条件。

3）通道换乘

两个车站之间设置单独的换乘通道供乘客换乘使用称为通道换乘。在两线交叉处的车站结构完全分开，车站站台相距一定距离或受地形条件限制不能直接通过站厅进行换乘时，可以考虑在两个车站之间设置单独的换乘通道来为乘客提供换乘途径。

通道换乘

下列两种情况下常采用通道换乘：

（1）当两条城市轨道交通线路在区间相交时，两线车站一般布置成 L 形，两线上的城市轨道交通车站均应靠近交叉点设置，并用专用的人行通道相连接。图 4-5 是 L 形交叉时的换乘站。

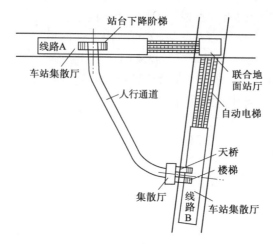

图 4-5　L 形交叉时的换乘站

（2）当一条线路的区间与另一条线路的车站 T 形交叉时，可按图 4-6 所示的换乘站形式组织换乘。

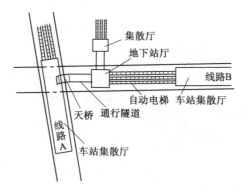

图 4-6　T 形交叉时的换乘站

4）站外换乘

站外换乘是乘客在车站付费区以外进行换乘，实际上是没有专用换乘设施的换乘方式。它在下列情况下可能会出现：

（1）高架线与地下线之间的换乘，因条件所迫，不能采用付费区内换乘的方式。

（2）两线交叉处无车站或两车站相距较远。

（3）规划不周，已建线未做换乘空间预留，增建换乘设施又十分困难。

采用站外换乘方式，往往是无线网规划造成的后遗症。由于乘客增加一次进出站手续，步行距离长，再加上在站外与其他人流混行，换乘很不方便。对城市轨道交通自身而言，这是一种系统性缺陷的反映。因此，站外换乘方式在线网规划中应尽量避免。

5) 组合换乘

在换乘方式的实际应用中，若单独采用某种换乘方式不能奏效时，则可采用两种或多种换乘方式组合，以达到完善换乘条件、方便乘客使用、降低工程造价的目的。

2. 换乘站案例

1) 一字形换乘的实例

（1）东京地铁表参道站。

表参道站是东京地铁银座线和半藏门线的换乘站，其站台和站线布置如图4-7所示，共设有两个岛式站台，将银座线布置在两个岛式站台之间，而将半藏门线布置在两个岛式站台的外侧。其换乘特点是同一方向的列车换乘在同一站台上完成。

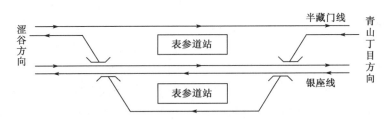

图4-7 东京地铁表参道换乘站布置示意图

（2）香港地铁太子、旺角、油麻地站。

香港地铁太子、旺角、油麻地站是荃湾线和观塘线之间的3个连续换乘站。在一期工程建设时，就将这3个换乘站按两层结构进行设计和建造，通过在两条线路站间设置立体交叉，从而使所有方向的换乘都能在同站台上实现，如图4-8所示。

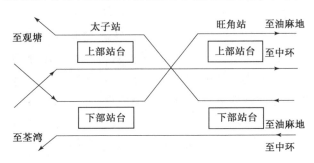

图4-8 香港地铁太子、旺角、油麻地换乘站布置示意图

2) T形换乘的实例

图4-9是北京地铁2号线与北京地铁1号线相交的复兴门换乘站示意图。两站设置在不同的高度上能组织立体换乘，且2号环线下楼梯可直接进入1号线的站台，但由于两线车站叠合部分较少，从1号线到2号线要通过较长的一段地下通道才能进行换乘。

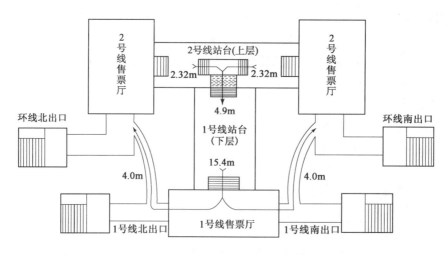

图 4-9 北京地铁复兴门换乘站示意图

二 换乘分析及改善

1. 换乘分析

1）换乘时间

换乘时间主要取决于换乘走行距离。一般而言，各种换乘方式的换乘时间按同站台换乘、上下层站台换乘、站厅换乘、通道换乘和站外换乘依次增加。

同站台换乘时，在列车共线运行区段的换乘站，乘客在同一站台的同一侧换乘，无换乘走行；在两线平行的共用换乘站，乘客在同一站台的另一侧换乘，换乘距离小于站台宽度，因此，同站台换乘的换乘时间最短。但需要指出的是，双岛式站台只能实现 4 个换乘方向的客流在同站台换乘；岛侧式站台只能实现 2 个换乘方向的客流在同站台换乘；单岛式站台，每一层均只能实现 2 个换乘方向的客流在同站台换乘。其余换乘方向的乘客，仍然需要通过站厅（双岛式、岛侧式）或自动扶梯、楼梯（单岛式）进行换乘，换乘时间相应增加。

上下层站台换乘时，采用一字形、十字形、岛侧式或侧侧式上下层站台组合，换乘距离与换乘时间较短；采用 T 形或 L 形上下层站台组合，由于换乘距离增加，换乘时间相应延长，如为减少下层车站的埋深，两个车站拉开一段距离，形成 T 形或 L 形换乘，乘客需要通过站厅进行换乘，换乘距离与换乘时间会更长些。

站厅换乘时，乘客换乘走行路线为下车站台—自动扶梯、楼梯—站厅收费区—自动扶梯、楼梯—上车站台。在各种换乘方式中，站厅换乘的换乘距离与换乘时间大体居中。

通道换乘时，换乘距离取决于两线车站连接的情况，连接站台的通道换乘与连接站厅收费区的通道换乘比较，后者换乘距离较远，因而换乘时间也较长。为提高服务水平，缩短换乘时间，换乘通道长度不宜超过 100m。

站外换乘时，乘客换乘走行包括出站走行、站外走行和进站走行，换乘距离与换乘时间均是各种换乘方式中最长的。站外换乘，大多数情况是线网规划阶段没有考虑换乘问题造成的。没有站内换乘设施会给乘客带来极大不便，所以应尽量避免。

2）换乘能力

换乘能力是指换乘设施在单位时间内能够通过的换乘客流量，换乘能力不足会产生客流拥挤、滞留，导致换乘时间延长和乘客抱怨，甚至还会引发不安全因素。

换乘能力的制约因素是站台、自动扶梯（楼梯）、通道与检票口等设施、设备的能力，并且通常受限于它们中能力最小的设施或设备。

在各种站内换乘方式中，同站台换乘的换乘能力最大，适用于优势方向换乘客流较大的情形。对同站台换乘而言，制约其换乘能力的主要因素是站台宽度与列车间隔，前者关系到站台的容量，后者关系到站台出清快慢。

同站台换乘除双岛式和单岛式换乘外，还可考虑采用相邻两站均为单岛式的换乘方案，即两条线路平行运行于一个区间，两个车站的站台均采用上下层结构，从而将换乘客流疏解到相邻两个车站，如图 4-10 所示。该换乘方案的能力更大，适用于换乘客流量很大，并且各个换乘方向客流量比较接近的情形。

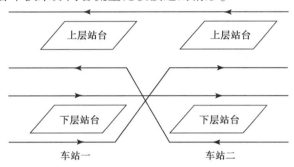

图 4-10　相邻两站上下层均为单岛式换乘示意图

在各种站内换乘方式中，上下层站台换乘的换乘能力最小。上下层站台换乘通过自动扶梯（楼梯）进行，换乘能力的瓶颈因素是自动扶梯（楼梯），而站台宽度、长度往往又限制了自动扶梯（楼梯）的数量与宽度。对各种上下层站台配置组合而言，交叉点越少（如十字交叉），换乘能力就越小，反之亦然。实践中，通过增加站台宽度来扩大交叉处面积，是提高上下层站台换乘能力的基本途径。

在各种平面换乘方式中，通道换乘与站厅换乘的能力居中。通道宽度可根据换乘客流状况进行加宽，从而提高通道换乘能力。在垂直换乘的情况下，自动扶梯（楼梯）的能力往往限制了通道换乘能力与站厅换乘能力的最终实现。此外，如果换乘过程中需要进出收费区，则检票口的能力也有可能成为限制因素。

2. 换乘方案设计及选择

1）方案影响因素

在进行换乘方案设计时，除应满足换乘时间短、换乘能力大等基本功能外，还应考虑客流组织、工程实施等因素。

（1）客流组织。

换乘站的客流，除具有车站客流的一般特征外，还具有客流量大、多方向性等特征。在换乘站的客流中，既有进出站客流，又有换乘客流。就换乘客流而言，在两线连接的换乘站，有 4 个列车到达方向，8 个换乘方向；在三线连接的换乘站，有 6 个列车到达方向，24 个换乘方向。各个换乘方向的客流通常是不均衡的。此外，各种同方向、反方向客流存在交叉干扰。

鉴于换乘站客流量大、流向复杂，在进行换乘设计时，应注意通过调整设施布局、设置导向标志等措施，避免或减少换乘客流与进出站客流的交叉干扰。例如，采用上下层站台换乘时，除自动扶梯（楼梯）的高差应小些、通过能力配置应大些外，还应使换乘客流与出站客流的交叉干扰小些；采用通道换乘时，通道设计应考虑避免或减少双方向换乘客流的交叉干扰，以及换乘客流与进出站客流的交叉干扰。

（2）工程实施。

缩短换乘时间和提高换乘能力的要求，通常会使换乘设施复杂、施工难度增加。

同站台换乘，两条线路在换乘站相邻区间平行交织。由于线路交叉，需要对线路的曲线、坡道进行特殊处理，工程量会相应增加、施工比较复杂，因此需要在线网规划时就统筹考虑。在两线建设分期实施时，为降低施工难度，应将共用换乘站及相邻区间的预留工程处理好。上下层站台换乘，换乘设施布局紧凑，对线路在区间的走向要求不高。

站厅换乘，两条线路共用站厅收费区。由于上下层站台、自动扶梯（楼梯）布局的不同，换乘设施设计有较多的变化。一般而言，工程量低于同站台换乘、高于通道换乘。在两线建设分期实施时，需要处理好工程预留接口。

通道换乘，在两条线路无法共用换乘站时采用。两线车站的相对位置要有一定调整余地。通道换乘布置灵活、施工方便，两线分期建设时，预留工程较少。

从降低施工难度、有利分期建设考虑，一般应避免4条线路在一个换乘点交汇，同时应控制上下层次不超过2个站台层。对三线换乘站，应尽可能形成3个两两相交的换乘节点。

换乘节点的衔接部分应做到同步设计，并尽可能同时施工，一次建成。

（3）其他考虑因素。

其他考虑因素主要有工程投资、施工技术水平、线形是否顺直、地下管线与障碍物、对道路交通影响、城市轨道交通与其他交通方式的换乘等。为保证换乘设计方案的实现，要求城市轨道交通线网规划保持稳定、换乘站周边规划用地严格控制。

2）换乘方案选择

换乘方案选择是一个多目标函数问题，需要综合考虑线路衔接方式、站位布置形式、站台形式及其组合、换乘时间、换乘能力、工程实施和投资费用等多方面因素。从换乘时间的角度考虑，同站台换乘和十字换乘的换乘时间比较短，但是否适用还需进一步分析。在换乘客流量不大或各个换乘方向的客流比较均衡时，采用同站台换乘并不是最理想的。由于受自动扶梯（楼梯）能力的限制，十字换乘难以适应换乘客流量较大的情形。而对通道换乘，虽然换乘走行距离较长，但如在通道内设置自动人行道则能缩短换乘时间，当然这会引起换乘相关设施成本的增加。

因此，在工程实施具有可行性，其他条件不成为限制因素的前提下，应优先考虑换乘能力能够适应远期换乘客流需求、换乘时间与投资费用相对较少的换乘方案。根据上述思路，提出换乘方案选优模型如下：

$$\min \ \{T_{换,i}V + C_{换,i}\}$$

约束条件：

$$n_{换,i} > P_{设计}^{换}$$

式中：$T_{换,i}$——第 i 种换乘方式的换乘时间总和，h，$T_{换,i} = T_{走,i} + T_{候,i}$；

$T_{走,i}$——第 i 种换乘方式的换乘走行时间总和，h；

$T_{候,i}$——第 i 种换乘方式的二次候车时间总和，h；

V——单位时间价值，元/h；

$C_{换,i}$——第 i 种换乘方式的相关费用，元；

$n_{换,i}$——第 i 种换乘方式的换乘能力，人次/h；

$P_{设计}^{换}$——远期高峰小时设计换乘客流量，人次/h。

公式中的换乘时间可根据远期高峰小时设计换乘客流量、各种换乘方式的换乘走行时间与二次候车时间计算确定。其中的换乘走行时间与换乘走行距离、自动扶梯（楼梯）高差以及自动扶梯（楼梯）和通道的通过能力等因素有关。二次候车时间可按列车间隔的 1/2 近似确定。单位时间价值可按小时国民收入值确定。约束条件强调了任何一种换乘方式的能力均应满足远期高峰小时的换乘客流需求。

三 城市轨道交通与其他交通方式换乘

城市轨道交通与其他交通方式的换乘包括城市轨道交通与城市对外交通的换乘、城市轨道交通与市内常规公交的换乘、城市轨道交通与私人交通的换乘。

1. 与对外交通换乘

城市轨道交通与对外交通的换乘是指城市轨道交通与铁路、民航、公路、水运等的换乘。城市轨道交通线路延伸至城市对外交通的车站或港区，城市轨道交通车站与铁路客运站、机场、长途汽车站、港口等形成换乘枢纽，可充分发挥城市轨道交通的大运量、快速集散乘客的功能，完成接运换乘。

1）换乘方式

城市轨道交通与对外交通的换乘方式主要有层间换乘、通道换乘与站外换乘 3 种。

在层间换乘时，不同交通方式的站厅设置在换乘枢纽的不同层面，乘客通过自动扶梯完成城市轨道交通与对外交通的换乘。对乘客而言，换乘距离及换乘时间较短，比较理想。但要实现层间换乘，需要对换乘枢纽进行统筹规划、同步建设，并在票务管理方面为乘客提供方便。

在通道换乘时，不同交通方式的站厅设置在换乘枢纽的不同位置，由通道连接。换乘的便捷性取决于通道长度，以及是否设置自动人行道。换乘枢纽规划中，通道换乘是主要的换乘方式。

在站外换乘时，乘客一般需要走出地面，完成出站（港）和进站（港）的换乘过程，换乘距离及换乘时间较长。由于乘客通常携带行李，这种换乘方式对乘客很不方便。

2）与铁路换乘

在城市轨道交通与对外交通的衔接中，与铁路的衔接是较多的。但城市轨道交通与铁路，其管理体制分属两个系统、票务系统相互独立，乘客在两者间的无缝换乘目前难以实现。在过去，由于缺乏统筹规划且建设各自进行等原因，城市轨道交通车站的出入口一般设置在铁路客运站的站前广场，乘客换乘走行距离较远。近年来，新建铁路客运站时，便捷换乘问题得到重视。

例如：上海南站换乘枢纽在规划建设过程中，较好地考虑了换乘问题。

上海南站是上海主要铁路客运站之一，城市轨道交通1、3号线和L1线在此呈工字形交汇。L1线设于铁路客运站下方（地下一层或地下三层），1号线地面车站配合铁路客运站建设同步改建为地下二层车站，3号线为地面车站。由于统筹规划、同步实施，上海南站换乘枢纽建成后，实现了城市轨道交通与铁路的便捷换乘。

3）与民航换乘

近年来，许多城市在规划建设连接机场的城市轨道交通线路，为民航乘客提供快捷的换乘服务。城市轨道交通机场线建设应注意下面两方面的问题。

首先是客流量大小，它直接关系到机场线的运营效益。因此，需要对客流来源及数量、旅客出行需求特征和机场客流接运市场份额等进行分析。机场线的客流来源相对稳定和单一，由乘坐飞机乘客与接送亲友、机场及周边企业职员构成。分析乘客对接运服务的需求，由于随身携带行李，方便、舒适是主要的需求；同时由于去机场时间通常安排比较充裕，因此快捷是次要的需求。由于机场巴士和出租汽车在门到门服务方面具有一定优势，因而在机场客流接运市场中占有相当份额。在上海，地铁2号线和磁浮线连接浦东机场，乘客携带行李乘坐地铁，再换乘磁浮线到机场，与乘坐机场巴士到机场相比，不具有方便、舒适与价格方面的优势。

其次是换乘的便捷性。城市轨道交通车站与机场候机厅应尽可能实现无缝连接。如果连接车站与候机厅的通道较长，应考虑安装自动人行道或配备专用小车供旅客推运行李。换乘路径应设置导向标志。此外，可在市中心的机场线车站设置市区航站楼，预先办理除安检以外的登机手续，如行李托运、发放登机牌等，可以方便乘客乘坐机场线换乘飞机。

2. 与常规公交换乘

城市轨道交通与常规公交的换乘是指城市轨道交通与公共汽车等常规公交车辆的换乘。乘坐城市轨道交通列车出行，常规公交是到达城市轨道交通车站的方式之一。改善城市轨道交通与常规公交的换乘，主要涉及公交换乘站点设置的优化和公交线网布局及运营的优化，它们对城市轨道交通吸引客流、提高交通服务水平具有重要作用。

1）公交换乘站点设置

由于常规公交系统的运营特性，公交换乘站点设置的灵活性较大，其可以设置在高架车站下面、地下车站地面或附近，也可以设置在建筑设施的地面一层等，乘客通过自动扶梯（楼梯）、通道或人行天桥等进入城市轨道交通车站。

按城市轨道交通车站客流量及综合换乘情形的不同，城市轨道交通与常规公交的换乘点有一般换乘点和大型换乘点两种。

一般换乘点是指常规公交衔接客流不大的城市轨道交通中间站。对一般换乘点，要求公交车站尽可能离城市轨道交通车站的出入口近些。由于缺乏前瞻性，国内城市轨道交通与常规公交换乘存在换乘距离及时间较长问题。例如，广州地铁1号线沿线的大部分公交站点与地铁车站有较大距离，其中距离在50～200m的有27个，200～500m的有32个，公交站点与地铁车站间的换乘走行时间平均为7min。

大型换乘点是指常规公交衔接客流较大的城市轨道交通换乘站或终点站，通常还与铁路、长途汽车站衔接，形成综合换乘枢纽。对大型换乘点，理想的规划设计是将城市轨道交通车站、铁路车站、公共汽车站、出租汽车站、大型商场和地下停车场等布局在同一建筑设施内或由自动扶梯（楼梯）、通道连接的不同建筑设施内，从而实现地下、地面和地上的立体换乘，有效减少街道上的人流，缓解地面交通拥挤。

大型换乘点的公交车站设置，在用地受到限制时，可考虑设置在建筑设施的地面一层，如香港的沙田换乘枢纽；在土地利用宽裕时，宜设计成具有多条公交线路车位的港湾式车站。在规划设计时，公交车站与城市轨道交通车站的间距不宜过远，并应通过采取人车合理分流、设置导向标志等措施，减少换乘过程中的进站客流与出站客流、客流与车流的径路交叉。

2）公交线网布局及运营

从提高整体运行效率，增加城市轨道交通客流和减少地面交通拥挤出发，在城市轨道交通线路投入运营后，应适当调整公交线网布局，如减少平行运营的公交线路，增加垂直方向的接运公交线路等。

城市轨道交通车站合理接运区的半径大体为2500～3000m。在超过3000m时，由于接运时间过长，乘客会放弃换乘城市轨道交通出行。但在缩短公交接运耗时的情况下，能够扩大合理接运区的范围，提高常规公交换乘城市轨道交通的乘客比例。缩短公交接运耗时的措施有：使乘客一次乘车就能换乘城市轨道交通，高峰时间增开跨站运行公交线路，开通连接大型住宅区的公交接运专线等。

3. 与私人交通换乘

城市轨道交通与私人交通的换乘是指城市轨道交通与自行车、私人小汽车等交通工具的换乘。鉴于国内自行车出行的比例较高、私人小汽车拥有量增长较快，鼓励采用"停车＋换乘"出行方式，对城市轨道交通吸引客流、缓解市区道路拥挤以及节约能源和保护环境均具有积极意义。

1）停车点（场）的设置

鼓励采用"停车＋换乘"出行方式，在换乘设施方面主要是解决停车点或停车场的设置问题。

为适应自行车换乘的需求，城市轨道交通车站应设置停车点。对高架车站，可在高架结构下的地面层设置自行车停车点；对地下和地面车站，可在出入口附近设置自行车停放场地。自行车停车点的规模取决于采用自行车方式换乘城市轨道交通的客流大小。

根据对自行车接运区的合理半径、自行车换乘出行目的等的分析，合理的自行车接运范围应是以城市轨道交通车站为圆心、半径为800～2000m的区域。采用自行车换乘方式的大多是通勤客流，因此，如果自行车接运半径内有大型住宅区，到站客流中的自行车换乘比例通常会比较高，自行车停车点的设计规模一般也应大些。

为减少私人小汽车进入市中心区，设置公共停车场、提供"停车＋换乘"的服务十分必要。停车场的位置一般选择在市区外围的轨道交通车站附近，并结合轨道交通换乘枢纽的建设、车站周边商业与办公设施的建造，统筹安排设置。鉴于城市用地紧张，停车场应尽可能按立体多层设计，充分利用地下空间。

2）停车收费政策

停车收费政策是城市交通需求管理的重要方面。对换乘城市轨道交通的自行车免征停放费，对换乘城市轨道交通的小汽车收取较低的停车费，对高峰时间内进入市中心区的车辆收取交通拥挤费等措施，均有利于鼓励和推行"停车+换乘"出行方式。

单元三 车站大客流组织

城市轨道交通线路的走向一般都是客流集中的交通走廊，连接着重要的客流集散点，如铁路车站、汽车客运站、航空港、航运港等交通枢纽，大型商业经济活动中心、体育场、博览会、大剧院等重要文体活动中心，以及规模较大的住宅区等。正因如此，某些特殊车站会不定期地遇到大客流。为了保证乘客的安全和正常的运营秩序，这些车站在客流组织方面应备有完善的运营组织方案和措施。在一定程度上，这些方案、措施补救了硬件设施的缺陷。

一 大客流的定义

大客流是指车站在某一时段集中到达的、客流量超过车站正常客运设施或客运组织措施所能承担的流量时的客流。

当车站发生可预见性大客流或突发性大客流时，车站应合理安排人员，对客流做好疏导和组织工作，并会同城市轨道交通公安部门对客流进行控制。客流控制应坚持"由内至外，由下至上"原则，在车站出入口、进站闸机、站厅与站台的楼梯、电扶梯处进行重点控制。

大客流一般在大型文体活动散场时或重要节假日期间发生。主要表现为非常拥挤或极度拥挤、乘客流动速度明显减缓、客流交叉干扰严重等。因此，大客流会对乘客的出行造成不利影响，对运营安全造成较大威胁。

二 大客流的分类

1. 根据大客流产生的影响和后果不同分类

根据大客流产生的影响和后果，大客流可分为一级大客流和二级大客流。

（1）一级大客流。

判定标准：各车站根据本站的正常乘客数量进行比较，站台聚集人数达到或大于站台有效区域的80%，并且持续时间大于实际行车间隔时间。这种情况给乘客及轨道运营安全造成影响，存在明显的安全隐患。

（2）二级大客流。

判定标准：各车站根据本站的正常乘客数量进行比较，站台聚集人数达到站台有效区域的70%，并有持续上升的趋势。这种情况下，乘客的正常出行和城市轨道交通所提供的服务水平受到一定程度的影响，车站比较拥挤，乘客感觉比较压抑，但尚未对乘客及城市轨道交通运营安全造成影响。

2. 从客流的时效性和产生原因方面分类

从客流的时效性和产生原因出发，可将大客流详细分为：

(1) 可预见性大客流。
(2) 突发性大客流。
(3) 节假日大客流。
(4) 暑期大客流。
(5) 大型活动大客流。
(6) 恶劣天气大客流。

其中，节假日、暑期和大型活动大客流为可预见性大客流。

三　大客流的特点

(1) 节假日大客流特点。节假日大客流主要由购物休闲、旅游观光和返乡探亲等乘客构成，在元旦、春节、清明节、劳动节、中秋节和国庆节假期内，地铁各站客流较平时有大幅上升，购买单程票和初次乘坐地铁的乘客较多。

(2) 暑期大客流特点。暑期大客流主要由购物休闲、旅游观光和放暑假的学生等乘客构成，每年七八月份地铁各站客流较平时有明显增加。大客流高峰时段一般集中在每日的8∶00—16∶00。

(3) 大型活动大客流特点。大型活动大客流主要由购物休闲的乘客构成。大型活动大客流的特点是在特定时间段（如大型活动结束后）客流会显著增加。一般大型活动都在周末举行。因大客流所发生的时间和规模大多可预见，且持续时间较短，影响范围有限，通常只对该活动地点附近的车站影响较大。

(4) 恶劣天气大客流特点。在出现酷暑、大雨、暴雪、台风等恶劣天气时，地面交通会受到较大影响，市民改乘地铁或进入地铁车站躲避恶劣天气，会造成地铁车站客流明显增加，给车站客流组织带来一定困难。

四　大客流的组织与调整方法

大客流的组织应在保证安全疏散客流的前提下，尽快地疏散客流。大客流往往是难以预测的，因此为了保证大客流发生时能安全疏散客流，各车站应根据本站具体情况，建立切实可行的大客流控制预案，合理安排各岗位和地点的具体工作，迅速缓解车站压力，避免意外发生。

1. 合理制定控制原则

(1) 坚持"由下至上、由内至外"的客流控制原则。在车站出入口、进站闸机、站厅与站台的楼梯、电扶梯处重点控制进站客流，组织乘客上车，保证客流均匀上下扶梯和尽快上下列车，保证乘客在站台候车的安全。

(2) 明确客流控制组织机构分工原则。客流控制组织机构可分为线控和点（站点）控。控制指挥中心负责地铁全线的客流控制。车站站长或值班站长负责本站的客流控制。

(3) 坚持集中领导、统一指挥的原则。车站在实施大客流控制之前，须向行车调度员报告。

2. 大客流组织的主要措施

各城市轨道交通运营企业应根据具体情况制定大客流控制的具体措施。

车站大客流组织——控制客流方案　　车站大客流组织——限制客流方案

1）增加列车运能

根据大客流的方向，在大客流发生时，利用就近的折返线、存车线组织列车运行方案，增开临时列车，增加列车运能，从而保证大客流的疏散。提升列车的运能是大客流组织的关键。

2）增加售检票能力

售检票能力是大客流疏散的主要影响因素，因此车站在设置售检票位置时应考虑提供疏散大客流的通道。在疏散大客流时，可采取事先做好票务服务及相关服务设备设施的准备工作。具体工作如下：

（1）售检票设备的准备。在大客流发生前，设备维护人应事先对车站全部售检票设备进行维护、检修，确保在大客流时售检票设备能正常使用。

（2）车票和零钞的准备。车站应根据客流预测和以往大客流所消耗的车票及零钞数，在大客流发生前，向票务部门申领和储备充足的车票和零钞。

（3）临时售票亭的准备。车站根据大客流的进出方向，选择在进站客流较集中的位置，设置临时售票亭。站厅面积较小的车站，可考虑将临时售票亭设置在进站客流较多的通道内。

（4）自动扶梯和垂直电梯的准备。车站应事先通知厂商对车站全部自动扶梯和垂直电梯进行维护、检修。重点检查自动扶梯的毛刷、梳齿板和扶手带，确保在大客流控制时，自动扶梯能正常开启转换。

（5）临时导向标志和隔离设备的准备。车站应储备一些临时导向标志、告示牌和铁马、伸缩铁围栏、隔离带等设备，在大客流发生前，车站应根据大客流的进出方向和客流组织要求，选择适当的位置张贴和摆放临时导向标志、告示牌和铁马、伸缩铁围栏、隔离带等。

（6）其他客运设施、设备的准备。大客流发生前，车站还应准备人工语音广播和语音合成广播词、乘客咨询系统发布信息及急救药品、担架等，并根据车站工作人员的情况，相应增加手提广播、对讲机等客运设备。

3. 控制车站客流

采取站台客流控制、站厅付费区客流控制、站厅非付费区（出入口）客流控制三级客流控制方法。

（1）站台客流控制。站台客流控制的控制点在站厅与站台的楼梯（或自动扶梯）口。车站应将站厅与站台之间的自动扶梯改为向上方向，避免客流交叉。

（2）站厅付费区客流控制。站厅付费区客流控制的控制点在进站闸机处。车站可根据实际情况适当关停部分自动售票机，关停进站闸机或将部分双向闸机设为只出不进；紧急情况下可以采用隔离带、铁马隔离进站闸机，以减缓乘客进入付费区的速度，防止付费区客流压力过大。

（3）站厅非付费区客流控制。站厅非付费区客流控制的控制点在车站出入口处。车站组织人员人为地控制出入口的乘客进站速度，必要时可关闭部分出入口。

4. 采取临时疏导措施

在大客流组织中，临时合理地疏导，对客流方向进行限制是一项很重要的组织措施，主要包括出入口、站厅的疏导，站厅、站台扶梯及站台的疏导。出入口、站厅的疏导主要是根据临时售检票位置的设置，限制客流的方向，保持通道的畅通和出入口、站厅客流的秩序。站厅、站台扶梯及站台疏导主要是为了尽量保证客流均匀上下扶梯和尽快上下列车，保证站台候车的安全。站务人员应在靠近楼梯、扶梯处站岗，并分散在站台前、中、后部疏导乘客。

临时售检票位置宜设置在站外或站厅层较空旷的位置，应为排队购票的乘客留出充分的空间，确保通道的畅通，维护出入口、站厅客流的秩序。其采取的疏导措施主要有设置临时导向，设置警戒绳或隔离栏杆，采用人工引导及通过广播宣传引导等。

5. 关闭出入口或进行分流

大客流往往是难以预测的，因此为了保证大客流发生时疏散客流的安全，在难以采用有效措施及时疏散客流时，可采取关闭出入口或在某部分出入口限制乘客进入车站的措施来阻止一部分客流或延长大客流疏散的时间。

车站出入口客流组织

车站大客流组织——封站客流组织方案

6. 大客流调整与组织案例

图4-11是某地铁运营企业根据工作日早晚高峰期间大客流情况，为避免换乘通道处客流对冲现象严重而采取的一种限时段的大客流组织方式。在早上7：30—9：30、下午16：30—18：30的高峰时段，将原来南北两条双向换乘通道改为单向通道，形成"顺时针"单向换乘的客流组织方式，减少不同方向的客流对冲。

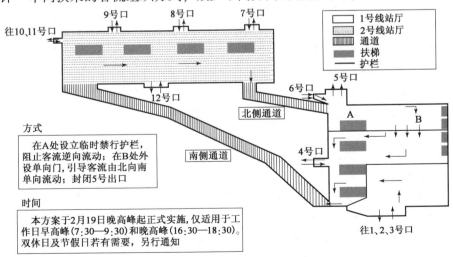

图4-11 某地铁企业大客流组织方式

7. 大客流应急处理程序

按照由下至上、由内至外的原则，在车站出入口、进站闸机、站厅与站台的楼梯/扶梯处进行客流控制。车站要及时了解产生突发客流的原因、规模，可能持续的时间，并合理安排岗位。利用广播系统认真做好宣传，及时组织人员维持秩序，理顺购票队伍，对乘客做好疏导、服务工作。

如车站现有人员无法应付突发性客流组织的需要时，值班站长应组织驻站人员参与客流控制，报告行车调度员并提出支援请求。

站台拥挤时，立即安排人员到站台维持候车秩序，在站厅与站台的楼梯、扶梯处进行客流控制。先让下车出站的乘客出站，再让坐车的乘客进入站台，控制进站的乘客人数。利用广播提醒乘客注意安全，同时加强对站台乘客候车动态及站台安全门工作状态的监控。

当列车运行出现故障，造成列车始发、到达晚点，车站乘客拥挤时，车站应及时通知公安部门协助，做好乘客广播（解释和引导）工作。售检票员及厅巡员分别在出入口、票亭及进闸机前摆放告示，告知购票进闸的乘客列车延误信息，同时做好退票的工作准备。

由于特殊天气（如暴雨）导致突发性大客流时，车站应及时做好滞留在车站及出入口乘客的疏散工作，及时启动有关应急处理程序（预案），必要时请求公安部门配合，并调集站务员、维修员、保安等所有驻站的工作人员做好相关准备工作。

五 节假日客流组织

1. 节假日的类型

节假日及其活动是现代文明与现代社会生活的重要组成部分，直接关系到人们的生活质量。节假日出行活动与日常出行活动差别较大，节假日交通客流与平日交通客流相比，呈现出明显的、不同于平日的特征和规律。

不同国家或地区由于其民族文化背景与生活习俗的差异具有不同的节假日计划，而不同类型的节假日一般也具有相异的客流特征。一般来说，节假日主要包括以下几种类型。

1）周六、周日

一年约为52周，周末是最普通的假日。我国自1995年5月1日实行五日工作制以来，城市居民的工作时间由48h变为40h，人们周末的出行习惯发生了较大变化。一般周二、三、四具有比较相似的出行规律，周一是一周开始的第一天，周六、日为假期。对西方人来说，周日还是礼拜日。每日出行特征各不相同。

2）其他节日

我国的节日主要有元旦、春节、清明节、端午节、"三八"妇女节、"五一"国际劳动节、"五四"青年节、"六一"国际儿童节、"十一"国庆节等。

节假日的分类还可根据时间的长短来进行。一般来说，时间长短直接关系到人们的出行计划安排。由于多数城市或单位可能将1天假日与最近的周末合并，因此，节假日可以分为1~3天（含3天）、4~5天、6天及以上。研究城市地区不同长度假日中的客流规律是城市客运管理的一项重要内容。

2. 节假日的客流特点

不同类型节假日的客流具有不同的时间与空间特征，对这些特征的认识需要专题研究。

目前，从客流规模角度来看，春运、"五一""十一"期间客流量峰值最大。某年"五一"期间北京站（图4-12）早晚高峰8h进站达63465人次，出站达46682人次，与日均早晚高峰8h进站40564人次、出站34494人次相比，进站客流增加了56.46%，出站客流增加了35.33%。2008年，我国将"五一"假期调整为3天，城市轨道交通客流量为589.9万人次，较全年平均值增加了32.44%。

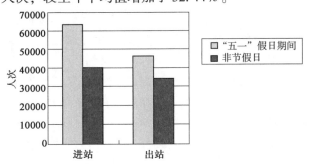

图4-12 "五一"假日期间与非节假日流量比较

清明节的客流可能在部分线路区段形成高峰，但客流的峰值一般低于春运、"五一""十一"期间。不过，还有一些日期，虽然不是规定的假日，但客流规律仍会有些许变化，如教师节等。

节假日交通的分析主要以旅游休闲和购物交通为中心，居民和游客节假日的主要活动为休闲、参观游览或购物。由于节假日出行与日常出行差别较大，其活动模式也明显不同于日常出行，因此可根据调查结果建立节假日活动模式。居民属性有自然属性、经济属性、文化属性和社会属性，人口统计学上多用性别、职业、年龄、收入和教育程度等代表其主要特征。随着小汽车进入家庭，是否拥有驾照成为与个体交通行为密切相关的属性。

随着居民生活水平的提高，近年来，在以北京为代表的特大城市里，节假日交通呈现出与平日交通不同的特征。节假日交通问题日渐凸显，影响着居民和游客节假日活动的质量。因此，有必要分析个体的性别、职业、年龄、是否拥有小汽车、受教育程度的不同等所引起的个体活动模式的差异，并对比这些因素对节假日出行和日常出行典型活动模式的影响。

节假日活动的类型主要有维持型活动和娱乐型活动。

维持型活动：购物、探亲访友、看病。

娱乐型活动：休闲娱乐、就餐。

上述活动涉及的个人属性也需要研究，它们影响出行过程中的诸多选择。个人社会经济属性主要包括性别、职业、年龄、收入、是否有车、是否有驾照和教育程度等。对部分地区假日交通出行的调查表明，是否来自外地、职业、年龄对于节假日居民出行典型活动模式选择的影响显著。因为节假日居民出行主要以弹性较大的休闲型活动为主；而日常出行活动模式因存在弹性小的出行，个人属性中有更多因素影响居民出行活动模式的选择。

六 大型活动中的客流组织与管理

大型活动具有一定的交通特性。

随着我国经济的飞速发展,各种国际性的大型活动纷纷选择我国城市作为举办地,2008年北京承办了奥运会,2010年上海承办了世博会。奥运会、世博会等大型活动的举办,在促进我国大城市经济发展的同时,也给北京、上海的交通组织带来了前所未有的压力和挑战。为保证大型活动的顺利举办,在交通方面要保证活动参与者出行的安全、准时、快捷、舒适,同时对活动所在城市居民出行尽可能少地造成干扰。这就需要在日常交通措施、政策的基础上,针对大型活动交通组织的特点,采取针对大型活动交通的特殊交通组织措施。

大型活动举办期间,城市交通呈现与平时不同的特殊性,这种特殊性在于此时的城市交通系统承担着保证活动相关出行和维持城市居民日常出行的双重任务。同时,城市交通系统面对的交通主体对服务要求的差异很大,活动承办城市需要对不同的服务对象提供有针对性的交通服务,为与活动相关的出行提供专用的通道,并制定相应的交通组织方法,保证活动的顺利进行。具体来看,举行大型活动期间的交通出行呈现以下四点特性。

1)交通流时空高峰显著

大型活动中,由于活动开始和结束的时间固定,活动举办场馆、换乘枢纽、场外交通节点存在交通短时积聚、消散的特点。与城市平日的交通高峰相比,大型活动形成的交通流时空高峰特性较为显著。

活动举办场馆的行人交通流主要出现在观众进场和散场时。竞技性或重要赛事的观众会提前到达比赛场馆并在比赛散场时逗留时间稍长。从雅典奥运会统计结果来看,比赛前1~2h观众开始进场,比赛结束后0.5~1h观众基本散场完毕。由于部分赛事在同一场馆连续进行,有一定比例的观众不退场连续观看比赛,这种情况需要结合具体赛事安排与门票销售情况进行分析。

2)出行者出行要求差异显著

活动期间,交通参与者包括贵宾及官员、活动主要参与者(运动员等)、观众、媒体记者、服务人员、城市其他出行人员。在大型活动中,不同参与者对出行的要求有着显著的差异。例如,贵宾及官员、活动的主要参与者对安全和准时有着严格的要求,出行活动的起讫点也多集中于酒店至活动举办场所之间;媒体记者出行对准时要求较高,活动起讫点多位于酒店、媒体中心和活动举办场所;观众多以家和活动举办地为活动起讫点,出行要求以准时为主。

3)采用交通工具差异明显

在日常出行中,出行者在出行过程中,根据自身出行差异来选择不同的交通方式。活动期间,为保证活动的顺利进行,活动组织者需要根据不同出行者的不同出行要求,主动提供不同的交通服务。如对于贵宾及官员、活动主要参与者、媒体记者提供专用的车队,保证其安全、准时到达会场;对于服务人员和观众、城市居民,应根据地区特点及活动要求,提供方便快捷的大运量公交,如地铁;对于自驾车出行的观众,应引导其采用停车换乘方式，在活动举办地外围采用公交方式到达会场，缓解交通压力。

4）保证优先，兼顾公平

平日城市交通中，除特勤管制情况外，城市居民出行具有等同的优先级，拥有相同的使用交通基础设施的权利。活动期间，针对不同出行者出行要求的差异性，城市交通管理部门须根据不同的优先级，制定相应的交通政策和管理措施来保证高优先级群体出行的便利，使大型活动顺利组织和开展。国外大型活动组织的经验表明，活动期间，城市居民日常出行的优先级相对较低，需要采取交通需求管理（TDM）等相关政策对城市居民日常出行进行一定限制。在保证出行优先级不同的前提下，应对不同出行群体的公平性加以考虑，对城市居民正常出行提供额外的服务，补偿其为保证活动进行而受到的损失，保证城市交通系统的有效运行。

典型大型活动交通组织可以北京奥运会客流组织为例进行案例分析。

 案例分析

北京奥运会客流组织

北京奥运交通保障从2008年7月20日奥运村开村至9月20日残奥村闭村的后3天，历时两个多月时间，基本为24h全天运行。

奥运交通组织管理主要从道路交通保障、公共交通保障、智能交通服务三方面推进开展。首先，为了保障奥运期间道路交通有序运行，以及最大限度地减少交通排放，适应交通需求，北京市制定了货车、外地车禁行以及单双号出行等一系列削减机动车出行总量的管理措施；同时，制定了完备的城市轨道交通、公共汽电车、奥运专线、出租车等多种公共交通的保障计划，最大限度地保障乘客出行；此外，建成了先进高效的智能交通系统，极大地提高了交通管理水平，保障了道路交通安全、有序、畅通。

1. 道路交通保障方案

1）场馆周边交通管控措施

所有奥运比赛场馆、训练场馆、非竞赛场馆，按照场馆运行要求，由内至外划定交通管制区（安保封闭区）、交通控制区（场馆区）、交通疏导区（交通管控区），分区实施管控措施，并结合周边道路条件科学地组织交通运行。交通管制区内实施全封闭证件管理措施，在进入交通管制区的主要路口设置车辆验证点，除持有专用车证、公交专线车证及交通管制区内居民临时通行证、单位发放的临时通行证的车辆外，禁止其他车辆通行。

在交通控制区内进入管制区的各相关路口部署交通警察，设置车辆限行标志，视情况分时、分段采取限行、绕行等分流措施，缓解交通管制区内交通压力。在交通疏导区周边的主要路口设疏导岗和巡逻岗，加强对疏导区域内道路的巡控工作，采取交通分流、劝绕等措施，削减社会交通流量，缓解交通管控区交通压力，确保道路畅通、秩序良好。

2）奥运常备路线和奥运专用车道设置

（1）奥运常备路线。为确保奥运会交通组织安全、准点、可靠、便利，根据奥运

场馆、设施分布和赛时各项交通活动需求，结合北京市道路实际情况，设置了480多公里的奥运常备路线。对奥运常备路线，根据勤务规格，划分A、B、C、D共4个等级部署管理措施，对沿线路口、立交桥区、环路出入口进行控制；同时，在主要行车路线、场馆周边安装约1.6万个奥运专用交通标识，引导车辆、行人有序通行。

另外，针对可能出现的路面积水、恶劣天气等意外事件，每条奥运常备路线都设置了专门的绕行路线。

（2）奥运专用车道。依照往届奥运会做法和国际奥委会要求，在连接机场、奥运村、媒体居住酒店、比赛场馆、训练场馆、非竞赛场馆、奥运相关设施的道路上，设奥运专用车道标志、标线和地面标识（图4-13），供持有奥运专用车证、享有相应通行权限的车辆通行。北京奥运专用车道共285.7km，主要设置在城市二环路、四环路、五环路、机场高速、京承高速等20多条道路上。奥运专用车道从7月20日起陆续分段、分时启用。

图4-13 北京奥运专用车道的相关标识

此外，根据奥运会赛事日程安排和各项活动的交通需求，在不具备或者具备规划奥运专用车道条件，但运行时相对较短、奥运交通流量较小的连接比赛、训练场馆，以及往返京外赛区的道路上设置了延伸路线，拓展了奥运专用车道的服务范围。

3）开幕式交通安全保障

参加开幕式的观众及工作人员等约有16万人，按照"外围集结，远端安检，集中乘车，分时分路抵离"的交通集散组织原则，从2008年8月8日11：30起对中心区及周边道路实施管制措施，从8日12：30起，分6个时段，组织人员集结抵达，在奥运中心区设置17处停车场，保证车辆有序停放。

2. 公共交通保障方案

1）城市轨道交通

城市轨道交通是奥运交通组织的骨干交通方式。根据预测，赛事期间城市轨道交通日均客流量将达到382万人次。奥运会期间，北京城市轨道交通运营线路共8条，总计超过200km，其中包括3条新线，合计58km，分别是机场快线、10号线1期、奥运支线（8号线）。

机场快线实现机场与市中心30min快速连通。机场线是接通机场和市区的快速轨道交通线路，为满足航空乘客的出行需求，车厢内设置排式座椅和行李架。机场线起点为东直门，终点为首都机场T3航站楼，全长28.1km，设东直门、三元桥、T2航站楼和T3航站楼4站。在东直门站与地铁2号线、13号线进行换乘，在三元桥站与地铁10号线进行换乘。机场线采用直线电机牵引系统，设计时速达到110km/h。根据实际测试，从T3航站楼出发，6min到达T2航站楼，停站4min后直达三元桥枢纽，全程耗时28min，实际运行时速可以达到60km/h。奥运期间，机场线的运营时间为早6：00到次日00：10，列车运行间隔为15min，4节编组，整趟列车共有200个座位，还有站席，满载时，可以承载720人，运能1万人次/日，全程单一票价25元。

奥运支线直达奥林匹克公园，站外安检换乘确保集散安全。奥运支线是与奥运场馆直接联通的城市轨道交通线路，南起北土城站，北至森林公园南门，共设4站，其中北边3个地铁站都位于奥运中心区；线路开通初期运行间隔3min，6节编组，运能22万人次/日。客流通过10号线在北城路站换乘进入奥运支线，并在奥林匹克公园站（与大型的下沉式广场直接连通）直达奥林匹克中心区。由于地铁抽查的安检方式无法满足奥运会安全检查需要，出于奥运会安保需要，乘10号线地铁前往中心区观赛的观众，需在北土城站下车并出站，接受地面安检后，再换乘地面上的公交车进入奥运中心区。奥运会期间，奥运支线只接待持有当天奥运会比赛、开闭幕式门票的乘客。

赛时城市轨道交通通过旧线改造和新线开通等措施日均新增运能约110万人次/日，最高可达412万人次/日。主要保障措施如下：

（1）增加现有线路编组或缩短最小发车间隔。如2号线最小发车间隔由3min缩短至2.5min，购置144节新车，增加运能51%。13号线、八通线将列车编组由每列4节改为6节，发车间隔由3.5min缩短至3min，运能增加77%。

（2）新开通线路。新开通的10号线和奥运支线，在线路开通初期运行间隔均为3min。

（3）延长早晚高峰运营时间，实现24h运营。早高峰运营时间由2h延长为3h左右，晚高峰运营时间由2h延长为3h，并确保城市轨道交通24h运营。

（4）通过临时加车方式满足高峰客流需求。

（5）以人为本，实施城市轨道交通无障碍改造。对5条地铁运营线的所有93个车站的出入口、垂直升降系统、盲道系统进行改造，保证奥运会前所有开通运营的地铁线路的车站至少有一个出入口能满足坐轮椅乘客从地面到站台的出行需求，每个车站都有完善的盲道系统。

2）奥运专线服务

为方便观众、志愿者及工作人员便捷地前往各奥运场馆，进一步提高奥运交通出行的集约化水平，奥运会期间，在公交、城市轨道交通线网的基础上，新开通34条奥运（公交）专线，配车1500辆，并做好如下保障措施：

（1）功能差别化线路布局及运营模式。奥运专线主要服务奥运中心区和赛事场馆，分为普线和快线两种。普线有10条，其作用是弥补奥运场馆周边常规公交、地铁在线路走向上的不足，主要布设在奥运场馆和新建道路上，采取常规公交线路形式组织运行，中途设站，开通日期是2008年7月20日～9月20日，每日7条线路24h运行，2条线路5：30—23：00运行，1条线路5：30—20：30运行。快线有29条，主要承担场馆间及场馆与主要交通枢纽间的快速交通直达联系。运行时间为比赛日期内，从开赛前3h至赛后1.5h。

(2) 清洁能源车辆配置。奥运专线使用了大量的清洁能源车,充分体现了绿色奥运的理念。

(3) 以人为本的无障碍站台设计。奥运专线的站台设计充分体现了以人为本的理念,在300余处站点进行无障碍改造,配备部分无障碍公交车辆,实现奥运专线能够满足行动不便人员无障碍通行需要。

3) 公共汽电车

除去城市轨道交通和奥运专线外,日常公共汽电车也是奥运期间公共交通的重要组成部分。奥运前期,北京市共有公共电汽车线路643条,车辆19395辆,日均发车15.4万车次,日均客运量1100万~1200万人次。为确保奥运期间公共电汽车的正常运行,赛时公共电汽车通过提高运输效率、新增车辆、现状车辆挖潜、开通奥运专线等措施新增运力约284万人次/日,达到1576万人次/日。

4) 出租汽车

奥运前期,北京实际运营出租车车辆为6.6万辆。由于奥运期间交通实行单双号管制,赛时车辆运行速度提高了16%~20%,空驶率降低14%,全天日均客运量达到248万人次/日。

奥运期间高度重视奥运场馆运力安排,"保点"出租车(给这些出租车发了一定的证件)允许进入场馆区,在安保封闭线外等候乘客。为提高出租车无障碍保障能力,50辆无障碍出租汽车(30辆旋转式、20辆直入式)于2008年5月18日投入运营,设置了预约服务电话,奥运会前无障碍出租汽车达到70辆(30辆旋转式、40辆直入式)。

3. 智能交通服务应用

奥运期间智能交通服务应用可分为两个层次:一是用于日常交通管理的智能交通服务,可提高日常交通的管理水平;二是奥运特色智能交通服务,可保障奥运交通出行的便捷和安全。

智能交通系统有现代化的交通指挥调度系统、交通事件自动检测系统、自动识别"单双号"交通综合监测系统、数字高清奥运中心区综合监测系统、闭环管理数字化交通执法系统、智能化区域交通信号系统、快速路交通控制系统、公交优先的交通信号控制系统、连续诱导的大型路侧可变情报信息板和交通实时路况预测预报系统。

此外,北京市交通委员会在日常交通信息化的基础上,抓住奥运会的机遇,推出了一系列智能交通系统的应用项目,建立了奥运特色智能交通系统。主要有如下子系统:

1) 智能公交系统

智能公交系统以城市快速公交系统(Bus Rapid Transit,BRT)监控调度运营管理系统为特色,涵盖奥运专线调度系统(观众为主)、奥运公交专用调度系统、公交电子站牌等方面,具有公交车辆GPS调度、视频监控、信息服务、公交信号优先等功能。

2) 城市轨道交通信息系统

(1) 城市轨道交通系统已完成对原有线路的一票通、一卡通改造,建立了城市轨道交通自动售检票系统、联网调度系统、站点和车内信息服务系统等。

(2) 北京市地铁运营公司将移动数字广播技术应用于地铁车厢和地铁车站,使广大乘客可以实时观看奥运比赛实况和新闻。

（3）城市轨道交通车站有触摸屏查询设备和信息发布屏，可以查询城市轨道交通线路信息、周边交通等，通过车厢信息板可以一目了然地了解当前所在车站、已经经过的站点和将要到达的站点。

3）电子收费系统

奥运前期，北京已有600万市政交通一卡通用户，应用领域包括常规公交、出租、地铁和高速公路不停车电子收费系统（Electronic Toll Collection，ETC）等。

4）公众出行动态交通信息服务系统

该系统以公众动态交通信息服务为核心，以交通信息产业化为长远目标，充分利用浮动车信息资源，全面整合各类交通信息，为公众和企业提供了多种动态交通信息服务。公众可以通过96166交通服务热线、12580中国移动服务热线、北京市交通委员会交通信息网站、车载导航仪、手机点播等多种方式获得动态交通信息。

5）长途客运联网售票系统

北京省际长途客运联网售票首期试运行系统的服务主要是基于北京市六里桥、八王坟、莲花池、木樨园4个长途客运站的站间互售、代售点预售及网上查询、订票服务等。建立联网售票系统后，市民可以通过网络预订车票，并且能够通过网络查询各车站的售票情况、车辆到达情况、所乘坐车辆的座位情况。通过网络查询，乘客可以选择适合自己出行的车次和时间。同时，该系统的运营费用全部由运营单位承担，不会增加乘客订票、购票和查询的费用。该系统完全实现了国产化，证明国产芯片在价格和技术等方面的优势逐步显现，采用国产芯片的计算机系统完全可以适应商用环境的要求。

6）出租车调度及信息采集系统

为了使出租车行业以全新面貌迎接奥运会，出租车公司分别建成出租汽车调度系统和浮动车信息采集系统，实现了出租车GPS定位、调度、翻译服务、实时交通状况数据采集、一卡通付费、员工考勤等功能。

7）交通综合信息平台

交通综合信息平台旨在整合交通行业各部门的交通信息，经过分析处理、数据融合、数据挖掘等，为政府决策及企业和公众提供交通综合信息服务。

七　突发事件客流组织

突发事件是指在没有任何征兆的情况下，在城市轨道交通车站内、列车上或其他设施设备内突然发生的、危及人身安全的事件，如自然灾害（地震）、爆炸、火灾等。

突发事件发生时在车站内或列车上的客流均称为突发事件客流。各车站应根据本站具体情况建立切实可行的突发事件客流组织预案，合理安排各岗位和地点的具体工作，迅速疏散客流，避免意外发生、扩大和蔓延。

当发生突发事件时，车站可根据实际情况采用不同的客流组织办法对乘客进行疏导。主要有疏散、清客、隔离3种办法。

1. 疏散

疏散是指在紧急情况下，利用一切通道和出口迅速将乘客从危险区域全部转移到安全区域，包括车站疏散和隧道疏散。

1) 车站疏散组织办法

车站疏散需要各个岗位密切高效配合,争取在最短的时间内尽快疏散客流。对于城市轨道交通运营企业而言,这种疏散办法应该定期进行现场模拟演练。让每个岗位工作人员都得到充分锻炼,才能有效保证真正的突发事件来临时井然有序地进行疏散。某地铁运营企业模拟演练的具体内容大致如下。

(1)值班站长工作内容。

①宣布车站执行疏散程序,在上级领导未到达前担任现场临时指挥。

②指挥抢险或乘客疏散。

③疏散完毕后,检查是否还有乘客滞留,关闭出入口。

④如灾害危及车站员工安全,应组织员工到紧急出入口或后备紧急出入口集中。

⑤如乘客被困在站台,应要求行车调度员安排一列空车前往车站疏散乘客,安抚乘客和维持站台秩序,组织全部乘客上车,指示站台保安向司机显示"好了"信号后,登乘驾驶室离开。

⑥需要外部支援时,安排一名站务员到紧急出入口引导支援人员进入车站。

(2)行车值班员工作内容。

①报告行车调度员疏散原因、是否影响列车运行、是否需要支援。

②视情况致电119、120请求支援。

③通知地铁公安到场维持秩序。

④需要时,开启相应环控模式。

⑤按动AFC紧急按钮,使闸机为常开状态,并将TVM和AVM设为暂停服务。

⑥通过乘客查询显示系统发布疏散信息;通过广播通知银行、商铺工作人员和乘客疏散(注意尽量不要引起乘客恐慌)。

⑦向站长通报有关情况。

⑧当留在车控室有危险时应到安全地点集中。

(3)其他工作人员的工作内容

①客运值班员协助伤者离开危险区域或指引乘客疏散。

②厅巡负责打开员工通道,协助客运值班员工作,视情况关停相关扶梯。

③站厅保安到站台疏散乘客。

④站台保安将站台乘客向站厅疏散;如安排列车接载站台疏散乘客时,乘客及车站其他在站台人员上车完毕后,站台保安向司机显示"好了"信号,并进入驾驶室。

⑤售票员到楼梯、扶梯口维持秩序。需要时,其中一人应到紧急出入口接应外部支援人员。

2) 隧道疏散组织办法

(1)车站值班站长担任临时应急负责人。

(2)接到行车调度员或列车司机需要隧道疏散的通知后,通知各岗位员工执行车站疏散程序,指定客运值班员负责组织指挥疏散车站乘客。

(3)开启隧道灯,需要时开动隧道风机进行排烟(或由环控调度员开启)。

(4)带领站务员或站台保安,穿好装备,到隧道疏散现场负责引导乘客往车站疏散。

（5）在确认乘客疏散完毕和线路出清后，报告行车调度员，关闭车站。
（6）消防人员到车站后告知有关情况，带领员工参加应急处理救援工作。

2. 清客

清客是指当车站或列车出现异常时，将乘客从某一区域全部转移到另一区域，包括车站清客和列车清客。

非紧急情况下清客—列车故障区间清客　　非紧急情况下清客—列车故障区间清客
（故障发生及疏散程序执行）　　　　　　（疏散措施及处理）

1）车站清客组织办法

（1）值班站长工作内容。

①组织车站员工对车站乘客进行清客，引导乘客退票。

②待乘客全部出站后，检查站厅站台是否有滞留乘客，关闭出入口。

③安排车站人员到紧急出入口值勤。

④召集车站其他工作人员留守车站等待恢复运营。

⑤将情况向站长汇报，并做好详细记录。

（2）行车值班员工作内容。

①通知各岗位员工车站停止服务，执行清客程序。

②通知地铁公安到现场维持秩序。

③做好乘客广播工作。

④按动 AFC 紧急按钮，使闸机常开，将 TVM 和 AVM 设为暂停服务。

⑤通过乘客咨询显示系统发布车站停止服务信息。

⑥关站后，执行节电照明模式。

（3）客运值班员工作内容。

①引导乘客办理退票或出站。

②根据需要为售票员配备零钞。

③统计退票数量，并将回收单程票封好后上交票务室。

（4）其他工作人员的工作内容。

①厅巡打开车站员工通道门，引导乘客退票或出站。

②售票员负责办理退票。

③保安负责维持秩序。

2）列车清客组织办法

（1）值班站长工作内容。

①组织站台保安和厅巡在规定时间内完成对列车上乘客的清客工作。

②清客完毕后及时通知车控室，指示站台保安向司机显示"好了"信号后发车。

③引导部分乘客退票，组织和引导部分乘客在同站台或另一站台等候下一趟列车，做好候车乘客的解释和安抚工作。

④将情况向站长汇报，并做好详细记录。

（2）行车值班员工作内容。

①接到列车清客命令后，立即通知值班站长、厅巡和站台保安执行清客程序。

②通知地铁公安到现场维持秩序。

③做好乘客广播工作。

④通过乘客咨询显示系统发布相关服务信息。

⑤及时将清客完毕时间汇报给行车调度。

（3）其他工作人员的工作内容。

①厅巡和站台保安在规定时间内完成对列车上乘客的清客工作。

②厅巡和站台保安引导乘客退票或在同站台或另一站台等候下一趟列车。

③售票员负责办理退票。

④站台保安负责维持秩序。

3. 隔离

隔离是指采用某种方式或设备人为地隔开人群或封闭某个区域。根据造成隔离的原因，隔离的组织方法有以下4种。

1）非接触纠纷隔离

乘客发生口头纠纷时，离现场最近的工作人员要立即上前调解，必要时把纠纷双方分别带到人少的地方（或带到车站会议室），进行劝说和调解。如有其他乘客围观，应及时劝离现场，维持好车站正常秩序。

2）接触式纠纷隔离

乘客发生打架事件时，离现场最近的工作人员要立即赶到现场，与车站保安人员一起把打架双方隔开，并通知地铁公安到场。车站控制室通知值班站长赶到现场处理，将肇事双方移交地铁公安处理。车站要及时疏散围观的其他乘客，并寻找目击证人填写事件记录。

3）客流流线隔离

当车站某一端排队购票队伍与进、出客流发生交叉干扰时，车站工作人员可以利用伸缩铁围栏、隔离带、铁马等设备器具人为地隔开人群，保持进、出客流畅通，并利用手提广播引导一部分乘客到人少的一端购票进站，避免出现乘客排长队的现象。

4）疫情隔离

车站发现有恶性传染疫情时，必须采取隔离组织办法，关闭各出入口，列车不停站通过，对与疑似人员有过密切接触的物品、人员进行消毒、隔离，未经防疫部门的许可不能离开车站。

模块学习任务

学习任务一

正确组织日常客流工作。

任务实施方法：

利用模型为背景，让学生自己设计模型摆放位置，对不同方案的优缺点进行分析，提高对理论知识的理解程度。

学习任务二

根据所提供的城市轨道交通换乘设计的实例,练习分析换乘功能是如何实现的及换乘的客流组织工作如何开展。

任务实施方法:

(1) 教师提供或学生自主搜寻城市轨道交通换乘站设计的实例。

(2) 根据以上理论知识的学习,结合给定的城市轨道交通换乘站的设计实例,分析换乘功能实现的途径。

(3) 根据以上理论知识的学习,结合给定的城市轨道交通换乘站的设计实例,拟定换乘客流组织方案。

学习任务三

能够掌握各种类型大客流组织的具体方法。

任务实施方法:

(1) 模拟各种类型大客流发生时的情境。

(2) 根据以上理论知识的学习,结合各种类型大客流发生时的情境,模拟练习设计大客流组织的具体方法。

拓展与提高

(1) 去地铁车站现场观察学习,特别是大客流或换乘站的参观学习,思考不同类型车站在客流组织上的异同。

(2) 进一步收集城市轨道交通换乘设计的实例,运用所学知识深入分析换乘功能在城市轨道交通中的重要地位,深入理解换乘水平的高低对客运服务水平的深远影响。

(3) 进一步收集城市轨道交通大客流组织的实例,运用所学知识深入分析大客流组织在城市轨道交通车站客流组织工作中的重要性,深入理解做好大客流组织城市轨道交通运营安全工作的重要意义。

实践训练

(1) 去地铁车站现场观察学习,通过参与车站志愿者等活动,熟知车站客运组织与客运服务的相关内容。

(2) 组织学生现场参观城市轨道交通的换乘站,了解实际工作中换乘站的设计思想,了解换乘功能实现与换乘客流组织的具体方法。

(3) 组织学生在节假日、暑期、特殊天气情况下去城市轨道交通的车站观察学习,了解实际工作中大客流组织的具体方法。

思考题

1. 简述城市轨道交通车站客运作业的基本要求。
2. 简述城市轨道交通售检票作业的基本内容。
3. 简述城市轨道交通站台服务作业与乘客投诉处理的主要内容。
4. 城市轨道交通客运作业的考核指标包括哪些?

5. 简述城市轨道交通的客运服务流程，结合服务流程，分析如何提高客运服务质量。
6. 城市轨道交通内部的换乘方式有哪些？
7. 城市轨道交通换乘分析的主要内容是什么？
8. 城市轨道交通换乘方案设计及选择的影响因素有哪些？
9. 城市轨道交通与其他交通方式的换乘方式有哪些？
10. 试分析"停车＋换乘"出行方式对现代交通系统的积极意义。
11. 试述城市轨道交通大客流的定义与分类。
12. 城市轨道交通大客流有什么特点？
13. 城市轨道交通大客流的组织方法具体有哪些？
14. 试分析节假日大客流的特点，并说明具体的组织措施。
15. 试分析大型活动时大客流的特点，并说明具体的组织措施。
16. 简述突发事件客流组织的具体方法。

 实训任务

请扫描二维码，查阅本模块实训任务相关内容。

模块四实训任务

模块五

城市轨道交通票务组织

知识提要

（1）票务系统概述；
（2）票务系统与自动售检票系统的关系；
（3）票务系统的业务管理；
（4）车站票务设备的管理；
（5）车站现金使用与管理；
（6）车站票务异常情况处理；
（7）票务差错、违章管理。

模块任务

（1）掌握票务系统的基本构成与作用；
（2）能够正确使用和管理车票和现金；
（3）能够正确处理票务问题；
（4）能够安全使用票务设备；
（5）掌握票务岗位的岗位职责。

模块准备

自动售票机、检票机、票务处理机、车票，各种报表，练习用钱币，其他票务相关备品。

理论知识

单元一 票务系统管理

一 票务系统概述

城市轨道交通票务系统是城市轨道交通运营企业为乘客提供快捷、优惠的出行，有效进行票务收入管理，合理配置运营系统（运营设备、运营模式）资源而建立的一套满足城市轨道交通票务管理需求的系统。

城市轨道交通票务系统是城市轨道交通票务收入和结算的基础，只有通过安全、可靠和完备的自动售检票系统才能有效地实施票务的结算和清分。网络票务系统的统一规划，是实现线路之间换乘的基础条件，否则可能导致各条线路的票务系统不兼容、车票介质不兼容，因而无法实现互联，不能实现信息的共享，也无法进行交易数据的清分。在设计票务系统时，应本着"快捷、方便""以人为本"的宗旨。城市轨道交通票务系统具有以下作用：

(1) 有利于提升城市轨道交通行业的社会形象和服务形象。
(2) 有利于提高运营管理水平，保障票务收益。
(3) 利于落实管理责任，保证交易数据和票务信息的安全。
(4) 简化乘客操作，方便乘客出行，提高乘客的出行效率。
(5) 提供准确的客流及票务统计分析数据。
(6) 减少现金交易、人工记账及统计工作，提高准确率和效率。

二、票务系统的业务管理

城市轨道交通票务系统主要制定票价等运营策略，对车票制作、车票出售、入站检票、出站检票和补票、罚款等营收信息进行有效管理。随着系统功能的不断扩展，票务系统也承担起对营运状况进行监控管理的职责。合理的票务系统管理能有效培育客流和提高运营效益。

城市轨道交通票务系统是AFC（自动售检票）系统实施的必要环境和基础；而AFC系统则是票务系统实现的手段之一，它能有效提高票务系统的管理水平和效益。票务系统的业务管理是借助AFC系统来实现的，主要内容有票卡管理、规则管理、信息管理、账务管理、模式管理和运营监督等。

1. 票卡管理

票卡就是乘客使用的车票，用于记载乘客的出行和费用信息，是乘车的有效凭证。票卡管理就是对票卡的发行、使用、更新等全过程进行的有效管理。票卡发行及其使用主要包括车票编码、车票信息初始化、车票的赋值发售、车票的使用等。

2. 规则管理

为保证票务系统能够在多部门和多环节高效运行，必须制定一套科学、严密的规则、流程，包括票价策略、结算规则、权限管理和操作流程等。票价基本政策主要指城市轨道交通运营企业对计价方式、乘车时限、乘车限制等方面的规定。

3. 信息管理

信息化是自动售检票系统的一个基本特征。AFC系统可根据交易信息，为相关决策或规划提供客流信息。为进行有效的管理和决策，提供可靠的信息，需对系统收集的基础数据进行深度挖掘、加工，开展统计分析并发布信息。通过挖掘票务信息，可以进一步了解区域客流特征，为管理提供量化的决策依据。

4. 账务管理

账务管理是对系统的票务收入进行汇缴、清算、入账等过程的管理，包括账号设置、票款汇缴、登账稽核、收益清算、资金划拨和对凭证进行有效管理等。

5. 模式管理

模式管理就是针对不同的运营状况、条件所作出的相应操作行为的选择和实施，包括正常运营模式、降级运营模式及相配套的运营管理。

6. 运营监督

运营监督就是通过系统设备及所具有的完整、严密、及时的信息流对运营状况进行实时跟踪监督，以提高运营质量和服务水平，包括信息传输状况监督、客流状况监督、调配监督、收款监督和收益监督。

三 车站票务组织架构

在正常情况下，车站票务组织架构实行层级负责制。某城市轨道交通企业票务组织架构如图 5-1 所示。

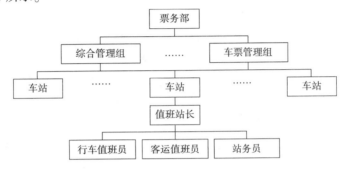

图 5-1　某城市轨道交通企业票务组织架构

四 车站各票务岗位工作职责

由于各城市轨道交通运营企业管理方式的不统一，以及车站设备的差异，造成车站票务岗位设置不尽相同，其岗位职责及作业流程设计也有差别。现以国内某城市轨道交通运营企业为例，介绍车站各票务岗位工作职责。

1. 中心站站长（站区长）

（1）全面负责车站票务运作管理。

总体负责车站的票务管理工作，确保车站票务运作顺畅。

（2）组织票务业务培训，指导和监督车站票务作业。

组织车站行车、客运和票务工作，编制、执行车站行车、票务和客运组织方案；按要求组织中心站内各站值班站长召开接班会，组织票务业务培训；监控值班站长行车、客运和票务工作，监督、检查、指导车站员工的票务工作。

（3）总体负责车站的车票、现金及票务备品安全。

对车站站存车票、现金、票据和票务备品的安全负领导责任，并负责保管部分票务备用钥匙。

（4）负责车站票务突发事件的应急处理。

处理票务紧急情况，必要时处理乘客的票务纠纷；协助票务事故的调查处理。

2. 值班站长

（1）负责本班票务运作管理，检查、督促、指导、协助客运值班员开展相关票务工作。

检查、督促、指导、协助客运值班员开展票务工作；负责运营开始前操作 SC，同时监控 SC 及 AFC 设备的运作；处理简单的 AFC 设备故障；负责安排巡站工作。

（2）负责车站的车票、现金及票务备品安全。

具体负责本班车站的车票、现金、票据、票务备品安全；保管部分票务钥匙，紧急按钮钥匙及钱箱钥匙一般由值班站长保管。

（3）负责乘客票务的处理。

现场处理乘客的票务纠纷。

（4）处理票务紧急情况，执行紧急情况下的票务运作模式。

3. 客运值班员

（1）负责对 AFC 设备及系统运作状态进行监控。

（2）负责票务作业安排和管理。

负责安排钱箱、票箱的更换及废票箱的清理工作；负责给 TVM 补币、补票；负责给售票员配票、配备用金及结账工作；完成相应票务报表、台账的填写，在 SC 中输入相应数据及每月报表的装订和存档；负责车票、报表的接收及上交工作；负责清点钱箱、票箱，车站票款的解行。

（3）负责车票、现金、票务备品安全。

负责票务室的车票、现金、票据、票务备品的完整、齐全；负责保管车站部分票务钥匙。

（4）负责乘客事务的处理。

处理与乘客相关的票务事宜、处理简单的 AFC 设备故障（如吞币、卡票、卡币）；负责办理团体票及安排、监督、协助站务员开展票务工作。

（5）协助值班站长处理票务紧急情况。

4. 行车值班员

（1）负责 AFC 系统设备运作状态的监控。

（2）负责 AFC 系统设备故障的报修。

（3）负责部分票务钥匙的保管。

（4）执行紧急情况下的票务运作模式。

5. 售票员

（1）负责乘客事务处理。

负责客服中心的售票、车票更新等相关工作，及时处理乘客的无效票和过期票，处理简单的 BOM 设备故障，向乘客提供优质服务。

（2）完成相关票务工作。

严格按票务制度和有关规定出售车票、处理车票，确保票、款、账的安全和正确；完成相应票务报表的填写及上级布置的其他票务工作。

（3）执行紧急情况下的票务运作模式。

6. 站厅站务员

（1）负责引导乘客正确操作票务设备。

（2）负责简单 AFC 系统设备故障处理。

（3）协助完成相关票务工作。
（4）负责 AFC 系统设备运作状态的巡视。
（5）执行紧急情况下的票务运作模式。

单元二 车票管理

车票是乘客的乘车凭证，记载了乘客一次乘车行程的时间、费用、乘车区间等信息。车票按记录介质的不同，可分为印刷、磁记录、数字记录 3 种；根据信息读写方式的不同，可分为视读和机读两种。售检票方式有人工方式、半自动方式和自动方式。

一 车票的发展历程

城市轨道交通的车票大致经历了纸票、磁性票卡、智能票卡 3 个发展阶段。

1. 纸票

纸票一般由存根、主券、副券等部分组成。北京地铁普通纸票如图 5-2 所示。

乘客在购票过程中，票务人员从车票存根处撕下副券，并将其余部分交给乘客。存根是地铁车站内部进行收益稽核时使用的。进（出）站副券分别是乘客在进、出站检票时提供给检票人员检查的。主券是最后留给乘客，供乘客收藏或作为报销凭证使用的。纸票所有信息印制在票面上，保密性不好，容易被伪造。

2. 磁性票卡

磁卡票卡即磁性车票（图 5-3），简称磁卡，是一种利用磁记录特性对有关信息进行记录的卡片，由高强度、耐高温的塑料或纸张（涂覆塑料）制成，防潮、耐磨，且有一定的柔韧性，携带方便，使用较为稳定可靠。通常，磁卡的一面有磁涂层，另一面则印有插入方向提示信息。大部分系统的磁卡上有定位孔槽等标识。

图 5-2　北京地铁普通纸票

图 5-3　磁性票卡式单程票

磁卡车票可机读识别和反复使用，但储存内容易受磁场干扰发生变化，而且必须与设备直接接触才能进行读写。随着时代的发展和技术的进步，磁卡逐渐被淘汰。

3. 智能票卡

智能票卡，它将集成电路芯片镶嵌于塑料基片上，利用集成电路的信息可存储性，保存、读取和修改芯片上的信息。智能票卡又叫集成电路（IC）卡。按照 IC 卡与读写设备通信方式的不同，IC 卡可分为接触式和非接触式两种。

1）接触式 IC 卡

接触式 IC 卡（图 5-4）与读写设备的通信是通过卡片正面的触点来进行的。接触

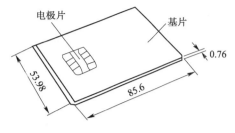

图 5-4 接触式 IC 卡（尺寸单位：mm）

式 IC 卡一般由基片、电极片组成。

接触式 IC 卡相对磁卡而言，有更大的存储容量，抗干扰，安全保密性也更好，但是依然需要通过直接接触读写设备来读写数据，卡和读写设备间的磨损大大缩短了其使用寿命；同时每笔交易的等待时间较长，不适用于需要快速响应的场合。

2）非接触式 IC 卡

非接触式 IC 卡通过无线电波完成与读写设备之间的通信，是一种将集成电路封装在卡里，采用射频原理，通过天线与读写设备进行信息交换的智能卡。由于不需与读写设备直接接触，故称为非接触式智能卡。

非接触式 IC 卡由集成电路、天线和封装材料组成。

（1）薄（卡）型非接触式 IC 卡

薄（卡）型非接触式 IC 卡如图 5-5 所示。

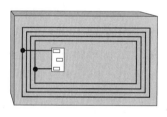
a) 集成电路和天线

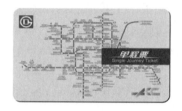
b) 封装材料

图 5-5 薄（卡）型非接触式 IC 卡

（2）筹码型 IC 卡

筹码型 IC 卡（图 5-6）通常尺寸：直径为 25～30mm，厚度为 2.0～3.5mm。

图 5-6 筹码型 IC 卡

薄（卡）型非接触式 IC 卡与筹码型 IC 卡的比较：

①两种票卡在终端设备、系统结构、应用软件等方面基本一致。

②筹码型 IC 卡的传送可依靠重力和滚动，处理装置较简单，维护工作量小。但由于筹码型 IC 卡尺寸太小容易丢失。在运营初期，筹码型 IC 卡容易大量丢失，会带来一定的经济损失。

③薄（卡）型 IC 卡有专门的传输装置，其终端设备及维护工作等比较复杂。薄（卡）型 IC 卡易于携带，符合乘客使用习惯。

(3) 异型 IC 卡

异型 IC 卡（图 5-7）并不指某类型的卡，是指形状上非规则的 IC 卡。

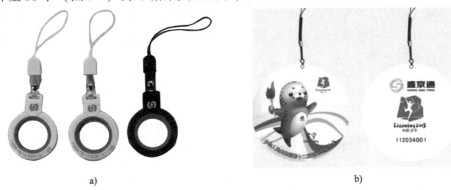

图 5-7 异型 IC 卡

以上类型的车票中，非接触式 IC 卡应用范围最广，在交通行业的自动收费系统中有一定的代表性。

二 各票种的适用范围

城市轨道交通车票主要有单程票、储值票、员工票、纪念票、测试票、出站票、日票、团体单程票、纸票、一卡通等不同票种，如图 5-8 所示。

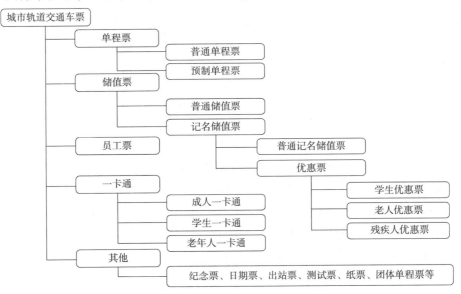

图 5-8 地铁车票票种

1. 单程票

单程票是指乘客以一定金额购得一次旅行服务承诺，只可进行一次进站和出站行为的车票。通过系统参数设置，可以定义单程票的有效期限和区间。

目前国内城市轨道交通票务系统中，常见的单程票从外形上分，有薄卡型和筹码型两种。在实际运营过程中，从应用角度出发，又分为普通单程票和预制单程票。而预制单程票又分为限期预制票和不限期预制票。

普通单程票是指在车站 AFC 系统终端设备上发售、在 AFC 系统中循环使用的非接触式 IC 卡，限单次、单车程使用，出站回收；预制票是指经过编码分拣机（E/S 机）或半自动售票机预先赋值的单程票，通过人工售卖以弥补大客流情况下设备售票能力不足的问题。预制票的特点是已赋有一定的金额，有较长的使用期限。经过编码分拣机预制的单程票在有效期内每个车站都可以使用，而通过半自动售票机预制的单程票通常只能在本站使用。

从使用范围来看，单程票一般仅限制在城市轨道交通内部循环使用。单程票采购回来后，在制票中心经过初始化、编码工作，然后配发到车站，通过自动售票机发售，在乘客出站后由出站闸机回收，回收后的车票可在车站循环使用。异常车票交回制票中心重新进行初始化编码。

2. 储值票

储值票内预存一定资金，可多次使用，每次使用时根据费率扣除乘车费用，出站不回收。储值票一般分为普通储值票和记名储值票两种。

（1）普通储值票。卡上没有持票人的个人信息，使用后如无污损可以将车票退还给车站重新发行使用；票卡不能挂失，不能享受信用消费和信用增值服务。

（2）记名储值票。卡内保存持卡人的个人信息，如持卡人的姓名、性别、身份证号码等。卡面可根据需要印刷持卡人的姓名、性别、身份证号码和照片等。记名储值票可以挂失，可以享受信用消费和信用增值及其他特殊服务。表面印有个人信息的记名储值票卡不允许转让使用，也不能退还。

对于以上两种储值票还可设置很多种不同的类型，包括成人储值票、学生储值票及老人储值票等。乘客在使用储值票时，每车程的费用在通过出站闸机时从车票的余值中扣除。

储值票经车站半自功售票机（BOM）人工出售。售票员售卖、充值储值票时，必须先在 BOM 上对车票进行分析，确保每一张车票有效且余值正确，并请乘客通过显示屏确认。优惠储值票在通过闸机检票时，有特殊的声、光提示。储值票的有效期过期后，乘客可在车站的客服中心办理延期手续。储值票可以通过自动售票机、自动充值机以及半自动售票机进行增值，卡内金额一般有一定上限要求，不同城市的规定不同。

3. 员工票

员工票与记名储值票类似，只是在进出检票设备时具有"更多的选择"，即可通过 AFC 系统设置为采取扣费方式或采取"扣次数"方式或采取不做任何交易记录的方式等；员工离开城市轨道交通企业时员工票要被收回。

4. 纪念票

纪念票有计次纪念票和定值纪念票两种，如图 5-9 所示。

（1）计次纪念票出站时只减次数。

（2）定值纪念票与储值票的外形和适用范围基本相同，出售时票面金额固定。

纪念票不回收，不能退还，也不能充值，卡的成本将计入票价。

5. 测试票

测试票涵盖所有类型的车票，只允许在测试状态下使用。测试票的作用是模拟相应车票的操作。因此，不同的测试票与其相应的车票的使用方法完全相同，只是测试票所形成的交易记录与其他票种操作所形成的交易记录有差别。

图 5-9 纪念票

单程测试票由闸机自动回收，并清除标志。

6. 出站票

出站票是一种专用于出站的车票。当乘客的车票被损坏或丢失时，乘客将无法通过出站闸机。在此情况下乘客可到半自动售票机领取（车票自然损坏时）或购买（车票丢失或被人为损坏时）一张出站票出站。出站票内含有车站信息，只能在本站使用。出站后回收，并清除标志。

7. 日票

日票是城市轨道交通企业为方便旅游、出差乘客推出的票种，有一日票、三日票、五日票、七日票等，如图 5-10 所示。乘客自购票之日起，在车票有效时间内，可不限里程、不限次数使用。日票不回收、不充值、不退还，卡的成本计入票价。

图 5-10 日票

8. 团体单程票

达到城市轨道交通企业规定人数以上的团体可到各车站办理团体单程票业务。一般来说，使用团体单程票有一定的折扣优惠。如有的地铁公司规定 30~99 人为 9 折优惠，100 人及以上为 8 折优惠。

团体单程票出售后不予退换，只能在购票站通过边门进站乘车，只能进、出站一次，且当天有效。

9. 纸票

BOM、自动售票机（TVM）全部故障或大客流需要时可在客服中心（或临时售票亭）出售纸票，纸票通常是固定面值。发售时须由车站人员盖上站名章和日期章。纸票仅在日期章当日及购票站使用，出售后通常不予退换。纸票只能在购票站通过边门进站乘车，只能进、出站一次，且当天有效。

由于 AFC 系统无法识别纸票，故对纸票的售检票方式与对 IC 卡车票的售检票方式不同。纸票售卖站须向控制中心行车调度员通报售卖纸票的开始时间和停止时间，由行车调度员将售卖纸票的相关信息通知其他车站，以便提前做好人工检票的准备。

10. 一卡通

一卡通（即城市公交一卡通卡的简称）系统是利用先进的计算机、通信、信息处理、IC 卡技术及安全保密等技术建立的以售卡、充值、结算为中心业务的服务系统，该系统采用非接触式 IC 卡作为支付介质，应用于公共交通等领域。

城市轨道交通车站通常可以代售一卡通，也可以办理一卡通的充值业务。但若一卡通出现损坏或不能使用等异常情况，必须到一卡通中心处理。

三 车票的配转流程

车票配送部门根据车站上报的库存量、结合车站所需车票数量配发车票。遇节假日大客流时，车站可根据预测客流情况上报所需预制单程票数量，车票配送部门应提前备好车票送到车站。配送员将清点加封好的车票配送至车站后，与客运值班员进行交接。

车站是城市轨道交通运营企业的车票发售、流通中心。车票配送部门将车票配送到车站后，即由车站对车票进行安全管理。在自动售检票模式下，车票通过一系列自动售检票设备进行流通、周转，实现系统内的循环使用。车站需要时可将一定数量的单程票补充进自动售票机的票箱内，以供乘客自行在自动售票机上购买。另外，车站还需要将一定数量的单程票、储值票发到客服中心，由售票员在半自动售票机上发售。

乘客在自动售票机或客服中心购得车票后，持车票进闸乘车。出闸时单程车票由出站闸机回收，供车站投入自动售票机中循环使用。储值票闸机不回收，供乘客重复使用。车票有异常问题时，乘客可持问题车票到客服中心进行处理。乘客在购买单程票或储值票后，因特殊原因需要退票时，可到客服中心办理，售票员退还乘客购票金额，回收乘客车票。

某城市轨道交通运营企业车票的配转流程如图 5-11 所示。

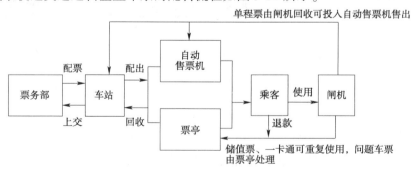

图 5-11 某城市轨道交通运营企业的车票配转流程图

四　车票的安全管理

1. 安全保管规定

因车票自身制作成本及所赋予的价值均属于城市轨道交通运营企业财产的重要部分，其安全管理直接影响企业收益安全。为保证车票的安全，原则上车票只能存放于专门的安全管理区域。具体规定如下：

（1）原则上车票只能存放于票务室、客服中心、临时售票亭、自动售票机、出站闸机、车票回收箱等处。

票务室是设置在车站设备区内，专门用于保管车站现金、车票及结算票款的工作间。车站应根据车票的性质、票种在票务室内划分区域，对车票实行分类存放，建立专门的台账对车票的分类存放、配发、回收等流通情况进行记录，并定期安排专人对各类车票进行全面盘点，以确保台账记录情况与实际清点情况相符。票务室内存放车票的票柜、保险柜，在无人值守时应处于锁闭状态。赋值一卡通、赋值储值票和预制票应存放于票务室内的保险柜或上锁的票柜中。

（2）客服中心（临时售票亭）车票保管。售票员在客服中心处理车票时，应将车票放在乘客接触不到的地方，尤其是存放于临时售票亭的车票须做好防盗工作。

（3）在运送途中，车票一律放在上锁的配票箱、票箱或手推车中。赋值一卡通、赋值储值票和预制票须由两名车站运营人员负责运送和安全。

（4）保管车票时，注意防折曲、刻画、腐蚀、防水、重压和高温。

2. 车票的加封和开封

车票在经相关工作人员清点并确认数量后，可按适当方式进行加封保管，以保证车票保管的安全性、准确性。所有车票的加封须由参与清点的人员负责。

车票可用票盒、钱袋、信封、砂纸加封，必须保证一经破封无法复原。封条上应注明票种、数量、加封车站、加封人和加封时期（预制票还须注明售出期限及金额）。图 5-12 为某地铁封条样式。

图 5-12　地铁封条样式

（1）票盒加封。车票放入票盒后，用砂纸在票盒中间部位一字形缠绕后，接口处贴封条加封。

（2）钱袋加封。车票放入钱袋后，将钱袋口用绳子缠绕扎紧后用封条缠绕加封。

（3）信封加封。车票放入信封后，将信封口封住，再用封条将信封背面的接缝封住。在票务信封的正面注明加封内容，并在信封背面封条骑缝处及封面上盖加封人员人名章。加封方法如图 5-13 所示。

图 5-13 信封加封示意图

（4）砂纸加封。该方式主要用于直接加封一些票面面积较大、便于用砂纸缠绕的车票，如纸票。将车票用砂纸（扎把带）十字形缠绕后加封（无须装入信封），并在封条上注明加封内容。加封方法如图 5-14 所示。

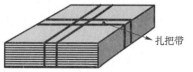

图 5-14 砂纸加封示意图

车站开封有值车票、乘客弃票、回收箱储值票和一卡通、与售票员结算相关的车票、临时测试借用归还的车票时，由客运值班员或以上级别人员与另一名车站员工在仪器监控摄录状态下完成。其他车票的开封可由客运值班员或以上级别人员在仪器监控摄录状态下单人开封清点。拆封或使用过程中车票出现数量不符，要及时上报上级票务部门。开封后发现车票数量或信息有误，待核查清楚后方可使用车票。

3. 车票的盘点

（1）原则上盘点工作在每月最后一天运营结束后进行。

（2）车站需对站存各种车票，分票种、票价进行全面盘点。

①已按规定加封车票的盘点。无须拆封，按加封数量盘点。

②未按规定加封或未加封车票的盘点。由客运值班员或以上级别人员与另一名员工共同清点。客运值班员在票务室时，闸机回收票可由站务员单人在仪器监控摄录状态下盘点。

③盘点时发现车票数不符时，闸机回收票可以直接由盘点人员按盘点数量加封，其他车票由客运值班员立即通知值班站长到现场核查。

④盘点结束，盘点人员在票务系统相应界面记录盘点情况。

⑤单程票的清点。车站将每台 TVM 内剩余的普通单程票、闸机回收票及车票回收箱内的普通单程票全部回收后用点票机清点，该清点数量与票务室存的其他普通单程票（不含 TVM 废票、BOM 废票等需随报表上交的单程票）的合计数量须在票务系统相应界面记录。

⑥回收箱的清点。回收箱须由客运值班员或以上级别人员和另一名员工开启，共同清点加封回收箱回收的车票和现金，并做好记录。

4. 车票的交接要求

1）车站内部、站间车票的交接

车站进行车票交接时，须做好交接记录。交接赋值车票时，车站可通过确认车票信息或确认车票 ID 的方式进行。若通过确认车票 ID 方式进行交接时，需设置台账，并做好记录。

交接时若发现车票数量或信息有误，按实际数量进行签收。车站须及时组织调查，同时将情况逐级上报，将差额情况及时在台账和票务系统相应界面记录。

2）车站与上级票务部门的交接

车站与上级票务部门的交接工作主要是配票工作。配票人员到达车站后，客运值班员或以上级别人员在票务室根据配票明细单当面交接各种车票，确认无误后签名，并在票务系统相应界面和台账上做好记录。

配票工作中车票的交接规定如下：

①储值票/日票/一卡通/纪念票：必须在仪器监控摄录状态下当面清点车票数量无误后签收。赋值一卡通、赋值日票配到车站后，车站在若干工作日内可通过确认车票 ID 或分析车票信息方式完成确认。若发现车票信息有问题，车站须及时报上级票务部门。

②预制票：对上级票务部门已加封的预制票，交接时接收人确认加封正确完好后可凭加封数量交接。

③编码单程票/纸票/赠票：凭加封数交接。

5. 车票的借调

若车站遇设备大故障或大客流突发情况，可申请站间调票。车票调入站与车票调出站的相关工作人员须按相关规定，通过加封数量或当面清点的车票数量签收，并做好台账记录。某城市轨道交通运营企业车票借调流程如图 5-15 所示。

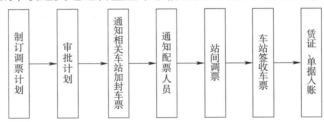

图 5-15 某城市轨道交通运营企业车票借调流程

6. 车票的上交

车站上交的车票包括超过使用期限的预制票、自动售票机和半自动售票机发售过程中产生的废票、回收的无效票、给乘客办理退款的车票、待清洗的车票、指定上交的车票等。车站客运值班员应按要求提前准备好车票，填写相关台账，待专人到站后根据台账清点各车票数量，确认无误后签认。

单元三　票务政策管理

 背景知识

世界各国城市的地铁票制五花八门，各有特色，孰优孰劣，不能一概而论。

英国伦敦地铁历史悠久，可追溯到1863年。经过一百多年的发展，伦敦地铁现有里程超过400km，每天高峰期有多达535辆地铁车辆同时在伦敦城下穿梭，每天运送的乘客约有400万人次。

在伦敦，人们使用最普遍的是"牡蛎卡"，持此卡不仅可乘坐地铁，还可乘坐公交车及市内短途火车。此外，还有可按天、周、月和年付费的交通卡可供选择。

伦敦地铁计费标准非常复杂，主要根据经过的区域收费。伦敦分为9个区，乘坐地铁所经区域越多，收费越贵，但每天乘坐地铁的费用金额有封顶。票价分高峰期和非高峰期，需要指出的是，伦敦地铁的高峰期时间较长，早高峰从6：30—9：30，晚高峰则从16：00—19：00。

针对不同的人群，伦敦地铁也有不同的优惠。优惠人群包括10岁及以下儿童、11~15岁青少年、16岁以上未成年人、18岁以上学生、60岁以上伦敦市民等。

10岁及以下儿童可在成年人的陪同下免费乘坐地铁。11~15岁的青少年可享受低价票，其中高峰期单程最低为0.8英镑（1英镑约9元人民币），最高为4.45英镑；非高峰期最低为0.75英镑，最高为3.1英镑，同样也是以跨区域多少累加。16岁以上未成年人可享受半价票。18岁以上人群则几乎都需买全价票，但如果是学生，可使用有效证件办理一张地铁卡，能省大约30%的费用，不过在高峰期乘地铁不享受优惠。60岁以上伦敦市民可免费乘坐地铁。

另外，同样也是按所跨区域收费的交通卡，7天最低收费为23.6英镑，最高为81.7英镑；月票最低为90.7英镑，最高为313.8英镑。年票最低为944英镑，最高为3268英镑。

在经费方面，伦敦公交的费用每年都有不同程度的增长。数据显示，2009年1月至2014年1月，伦敦公交费用上涨了13.12%，而伦敦地铁票价每年涨幅在4%~5%。伦敦地铁的收入主要由地铁票、政府资助、部分商业税、商业收入（广告、出租）等组成，其中政府资助经费所占比例最大。据统计，2013—2014年，伦敦地铁总收入近23亿英镑，比2011—2012年增长7.6%，而同期伦敦地铁的营业开支超过25亿英镑。

一 城市轨道交通票制

以下以地铁票制为例进行介绍。

地铁票制有其自身的特点，制定时要考虑建设成本、前期投入、市民承受能力及地区的经济发展水平等因素。目前国内各城市常用的地铁票制有一票制、计次制、区域制（分区制）和计程制等。

1. 一票制

以乘客乘坐地铁的次数计费，从乘客进站检票到出站检票为一次，无论行程长短，统一收取固定金额的费用。

北京地铁2007年开始实行一票制，除机场快轨外全路网2元/人次的票价一直延续到2014年，这种偏福利方式的地铁低票价政策是一种"普惠"政策，并非最明智的选择，不利于城市轨道交通的可持续发展。

2. 计次制

计次制也是按乘客乘坐地铁的次数计费，与一票制不同的是，计次制通常配合计次票使用，该票种限定乘车次数，每乘坐一次扣减一次。通常这种票制不会单独采用，而是与区域制或计程制结合应用。

3. 区域制（分区制）

按区间分段计价，在设定起价区间基础上每增加若干区间递增票价。例如，沈阳地铁8站以内起步价为2元，9~12站为3元，13站以上为4元，两条地铁线路之间换乘，站位累计计算，是典型的区域制计费方式。

2014年以前，南京地铁实行的也是区域制，起步价为2元，可坐1~8站，3元可坐9~12站，4元可坐13站以上；2014年南京4条新线地铁开通后，对票制做出了调整，改区域制为计程制。

4. 计程制

按乘客乘坐的里程数计价，具体是按里程分段计费。结合时间计费可细分为计程计时制和计程限时制。有些轨道交通公司会根据高峰和非高峰时间划定票价，非高峰时段的票价较低，以分散高峰时段客流，鼓励乘客错峰出行，这种票制和计程制相结合应用就是计程计时制。绝大多数轨道交通公司还会限定乘客在付费区的乘车时限，这种规定和计程制结合就是计程限时制。国内大部分轨道交通公司都采用了计程限时制计费，按照"递远递减"模式收费。

二 起步距离及起步价

国内各地铁公司起步距离的现状为6~8km，5~8站内。对起步价的确定，目前国内地铁如广州、深圳、成都、西安、天津、沈阳、武汉、重庆均以2元起价，北京、上海起步价为3元，香港地铁起步价为4元。

可以看出，在确定某城市轨道交通起步距离和起步价时，会根据各个城市的居民收入和消费水平，结合城市轨道交通定位等因素综合考虑确定。

三 费率的确定

地铁费率的确定应充分考虑城市交通发展政策、乘客的经济承受力、与市内其他交通工具出行费用的关系。

（1）城市交通发展政策

世界各国在制定城市公交票价时大都从城市交通政策和城市环境的宏观利益考虑，通过政府在财政及政策上的支持，以低于或等于运输成本的票价，向乘客提供以社会效益最大化为目标的客运服务，在社会效益最大化的前提下兼顾企业的经济效益。

（2）乘客经济承受能力

通过与国内其他主要城市居民承受力对比，并参考其他城市地铁票价水平，可以定位城市地铁的票价费率。

（3）与市内其他交通工具出行费用的关系

地铁在城市交通中并不具有垄断性，面对的主要竞争者有小汽车、公共大巴、中小巴和出租汽车等，广大市民对出行方式的选择具有多样性和完全的自主性。

地铁费率的制定主要有3种方式：第一种是纯福利性的，如一些西方发达国家就采用这样的定价策略；第二种是完全经营性的，如香港地铁，完全由公司定价，盈亏相抵，略有盈余；第三种是准福利性的，费率不能按照成本定价，而是按照市民承受能力及政府的财政承受能力来定价。可以理解为地铁票价属于政府定价范畴，地铁企业不享有在政府定价范围内自主定价的权利。在具体实施过程中，为实现"削峰平谷"，提高地铁运营效率，地铁企业可根据运营需要提出多种促销和优惠措施，制定多样的客票方案，上报市物价局批准后实施，从而最大限度地发挥地铁运能，实现社会效益和企业经济效益的双赢。

四 票务通用政策

城市轨道交通票务政策不完全相同，但也有其通用性内容。

1. 乘车限制

乘客需凭有效车票进入轨道交通付费区，车票实行一人一票制，即一张车票不可多人同时使用，进闸车票与出闸车票应当对应匹配。需报销凭证的乘客，可凭所购付费车票到车站客服中心索取。

2. 车票有效期

（1）单程票、团体票、纸票通常限发售当日、当站使用，过期视为无效并回收。

（2）储值票、免费票、员工票有效期通常为若干年，到期后须按规定办理延期后才能继续使用。

（3）纪念票有效期以发行公布的有效期为准，车票到期后不可延期。

（4）一卡通车票的有效期由一卡通公司确定，到期后须到一卡通公司指定机构办理延期手续方可继续使用。

3. 限时乘车规定

为避免乘客在列车或站内付费区长时间逗留，造成拥堵或安全隐患，城市轨道交通运营企业通常会对乘客购票入闸至检票出闸的时间进行限制。当乘客在付费区逗留的时间超过规定的乘车时限时，称为滞留超时，简称超时。对滞留超时的乘客，会收取一定金额的超时车费。

各城市轨道交通企业会根据当前线网允许的最远乘车里程、列车的速度及乘客候车、换乘所需的合理时间确定乘车时限。例如，2013年10月沈阳地铁因线路延长，将原有的120min乘车时限调整至150min。北京地铁目前的乘车时限为4h。

对超时产生的超时车费规定，各城市轨道交通企业的规定也不尽相同。如武汉和深圳地铁规定超时乘客须按线网最高单程票票价补交超时车费；长沙和杭州都规定超时乘客按本站最高单程票票价补交超时车费。

4. 超程规定

当乘客所使用的车票不足以支付所到达车站的实际费用时，视为该车票超程。城市轨道交通运营企业通常规定乘客须补足实际车程费用，票务员对车票数据做更新处理后，乘客方能持票出站。

5. 既超时又超程的规定

当乘客既超时又超程时，各城市轨道交通运营企业的处理规定也有区别。如武汉和广州地铁均按两者中较大费用收取；北京和深圳地铁则是按两者费用之和收取。

6. 优惠乘车的规定

（1）现役军人可凭军官证、士兵证、学员证，革命伤残军人可凭革命伤残军人证，伤残警察可凭伤残人民警察证，残疾人可凭残疾人证，申请免费乘车。

（2）使用普通成人一卡通可享受一定折扣优惠。如乘坐武汉地铁是 9 折优惠；乘坐西安地铁是 7 折优惠；乘坐广州地铁单月坐地铁消费累计 15 次以内 9.5 折优惠；从第 16 次开始享受 6 折优惠；乘坐北京地铁单月消费 100 元以后，再次乘坐可享受 8 折优惠，当月消费总额满 150 元后，超出部分给予 5 折优惠，一直到支出累计达到 400 元后，不再享受打折优惠。

（3）使用学生一卡通和老人一卡通享受的优惠折扣通常比成人一卡通更高。

（4）乘客可以免费带领一名身高 1.3m 及其以下的儿童乘车，超过一名的按超过人数购票。无成年人带领的学龄前儿童不得单独乘车。

7. 车票数据更新规定

（1）进站次序错误（乘客在非付费区）。若乘客所持车票在进站闸机刷卡后未及时进闸，20min 以内则对乘客车票进行免费更新，20min 以上则须让乘务交付费用。

（2）出站次序错误（乘客在付费区）。若乘客持车票未通过进闸机刷卡就进入付费区，车票在出闸时会显示出站次序错误，根据票面发售站或乘客反映的进站车站，免费对车票进行数据更新。

（3）过期车票的数据更新。过期地铁储值票、免费票须到车站客服中心或票亭免费进行数据更新，免费票更新时须出示持卡人有效证件。

8. 无票乘车的规定

乘客在付费区内遗失车票、无票或持无效票，通常须按线网（或本站）最高单程票价补交车费后出闸，有些城市轨道交通企业还会加收罚款。

9. 乘客携带品的规定

各城市轨道交通企业对乘客的携带品范围都有各自的规定，大部分地铁企业对乘客免费携带的物品质量和体积都有明确要求，超过规定的物品须加购行李票一张；若乘客所携带的物品质量过重、体积过大，则不得进站乘车；还有些物品被携带进站乘车会对城市轨道交通安全、设备或其他乘客产生不良影响，也不得携带进站乘车。

武汉地铁规定，乘客携带的物品，总质量、长度、体积分别不得超过 20kg、1.6m 和 0.15m^3。严禁携带易燃、易爆、有毒，有放射性、腐蚀性等危险品和可能危及行车、人身安全的其他物品进站乘车，不得携带禽畜、宠物或易污损、无包装、易碎、尖锐的物品进站乘车。

西安地铁规定，乘客进站乘车时携带的行李重量不得超过 30kg，长度（长、宽、高之和）不得超过 1.8m，体积不得超过 0.15m^3。每位乘客携带质量为 20～30kg，或外部尺寸长、宽、高之和大于或等于 1.3m，或体积为 0.1～0.15m^3 的行李，须加购 2 元行李票。不得携带易燃、易爆、有毒，有放射性、腐蚀性等危险品和宠物以及易污损、有严重异味、无包装、易碎和尖锐物品进站乘车。

10. 押金回收规定

每张地铁储值票、免费票收取押金通常为 20 元。

11. 车票回收规定

（1）单程票在出站时由出站闸机回收，地铁储值票、地铁免费票、纪念票等不回收。

（2）单程票的退票规定大致有两种：一种是单程票一经售出，概不退票（地铁运营企业设备故障等方面原因除外）；另一种是符合一定条件可以退票。

（3）地铁普通储值票、免费票的退票规定：未损坏的票卡，全额或收取一定折旧费后押金退还乘客；已损坏的票卡押金不予退还。各城市轨道交通企业关于票卡损坏的标准不尽相同。

拓展提高

常见车票概念释义：

（1）过期票：指超过系统规定的使用有效期的车票。

（2）折损票：指人为或设备原因，造成票面破损或有折痕的车票。

（3）自动售票机废票：指自动售票机发售不成功，掉入自动售票机废票回收盒内的车票。

（4）半自动售票机废票：指半自动售票机发售不成功，掉入半自动售票机废票回收盒内的车票。

（5）被替换票：在替换操作中，需要将车票余值替换到其他车票上的有值车票。

（6）替换票：在替换操作中，用来替换被替换票的储值票。

（7）出站票：通过出站检票机正常处理后，经半自动售票机分析显示为出站票的车票。

（8）进站票：通过进站检票机正常处理后，经半自动售票机分析显示为进站票的车票。

（9）预制票：经过编码分拣机或半自动售票机提前编码且赋值的单程票。

（10）无效票：车票有余值，但无法正常通过进（出）检票机，且无法使用半自动售票机进行更新处理的储值票。

单元四 现金管理

一 现金管理概述

1. 现金的来源

城市轨道交通车站现金来源主要有两大类，即备用金和票款。

备用金是指由上级部门配发给车站，专用于给乘客兑零、找零、自动售票补币、银行兑零等用途的周转资金。

票款是指车站通过自动售票机、自动增值机、半自动售票机等向乘客发售车票及办理票卡充值、更新等售票、补票业务中收取的现金。

2. 备用金管理

1) 备用金的配备

票务部负责城市轨道交通运营企业所辖各站备用金的统计、申领，车站负责站内备用金的管理。票务部将各站申请汇总，提交财务部核准，并根据核准金额配发备用金至车站。若车站需要调整备用金数额时，须先向上级提出申请，批准后转交票务部汇总，提交财务部核准，并根据核准金额进行调整。备用金配发到车站后，主要供车站使用。

当前情况下，备用金使用最多的为备用硬币。

2) 备用金的使用

车站备用金的使用应该严格执行财务制度，遵循专款专用原则。备用金应用于车站票务周转，即兑换零币、给自动售票设备补币和配备给售票员，不得用于垫付收益差额，不能违规借用。备用金的增减情况应建立台账登记。

3. 票款管理

1) 票款流动过程

所获票款由车站清点后，须及时存入企业在银行的专用账户。某地铁现金票款流动过程如图 5-16 所示。

图 5-16 某地铁现金票款流动过程

2) 票款收益

车站票款收益主要来源于两方面：一是自动售票机或自动充值机发售车票、充值所得票款；二是售票员通过半自动售票机发售、处理车票所得收益。客运值班员须在每日运营结束后，将所有票款收益进行清点规整，计算当日运营总收入，并按计划及时存入企业在银行的专用账户。

（1）自动售票充值收益。

每天运营开始前，客运值班员须将一定金额的现金补充到自动售票机的硬币找零箱中，乘客投入的购票钱币会通过处理模块存入相应钱箱。运营结束后，客运值班员对车站所有的自动售票机和自动充值机进行结账操作，取出设备内的纸币钱箱和硬币钱箱到票务室进行全面清点，完成钱箱清点报表的填写。

（2）客服中心收益。

客运值班员对客服中心的收益管理主要通过给售票员配钱票和结账来实现。

配钱票指客运值班员为售票员开始售票工作前配备各种车票和备用金的过程。结账指客运值班员在售票员结束售票工作后，在票务室对售票员收取的现金车票进行清点、记录的过程。无论是配钱票还是结账，抑或在售票员工作过程中，由于现金车票数量不足，向客运值班员申请追加备用金和车票，或者售票员工作中收到票款数量过多，提前向客运值班员上交预收款，所有这些现金和车票的交接情况都应如实填写，并将相关数据及时录入车站计算机系统。

客运值班员每天根据自动售票充值收益、客服中心收益等实际情况计算当日车站总收益，填写车站营收日报，并按规定及时将票款存入企业在银行的专用账户。

（3）票款解行。

车站与银行之间的现金交接主要指车站将票款收益存入企业在银行的专用账户的过程，通常称为票款解行（或现金解行）。

解行操作时要求城市轨道交通运营企业根据车站特点和银行服务时间确定解行时间，以保证车站能将现金尽可能多地存入银行，尽量减少留存在车站过夜的现金，降低车站收益保管风险。

目前票款解行方式主要有两种：

①直接解行。车站清点票款，由车站人员送到银行，银行工作人员与交款人员当面清点票款并当即返还现金送款单。

②集中站收款/打包返纳。由银行或专门押运公司到车站收取票款，运送到银行，银行工作人员按规定清点票款后于次日返还现金送款单，最终确认送行金额。

二 现金安全管理

车站备用金和票款收入作为城市轨道交通运营企业现金收益的重要部分，其安全管理直接影响企业收益安全。以保证现金安全为目的，城市轨道交通运营企业均有严格的安全管理规定。

1. 现金安全存放区域

车站现金只能存放在现金的安全区域。现金安全区域包括票务室（票款室、点钞室）、客服中心（含临时售票亭）、自动售票机、自动增值机。

2. 现金安全管理规定

1）票务室内存放现金的安全规定

首先，票务室必须随时保持锁闭状态（票务室门和防盗门需同时锁闭）。其次，除当班票务工作人员外，其他人员必须得到规定级别人员的许可，并在规定级别人员的陪同下方可进入票务室。车站须设立台账，记录进入人员、进入原因、进入时间及离开时间。除现金交接、钱箱清点外，其他时间票款室内所有现金只能保管在保险柜、补币箱、待清点的钱箱或已锁闭的尾箱内。

2）客服中心存放现金的安全规定

首先，客服中心应随时保持锁闭状态（临时售票亭除外，但车站须随时监控临时售票亭的安全情况）。其次，运营时间除当班售票员、车站票务检查人员外，其他人员必须得到当班值班站长或以上级别人员的许可，并由一名客运值班员或以上级别的人员陪同方可进入客服中心。最后，非运营期间，原则上不允许任何人进入客服中心，确须进入时，须得到当班值班站长或以上级别人员的许可，由一名客运值班员或以上级别的人员陪同方可进入（客运值班员打印报表时除外）。车站须设立台账，记录批准人员、进入人员、所做事项、进入时间及离开时间。售票员在处理现金时，应将现金放在客服中心的 BOM 钱柜、上锁的票盒或抽屉中（用于兑零的硬币除外）且乘客接触不到的地方。存放于临时售票亭的现金须做好防盗工作。

3）现金运送途中的安全规定

现金运送途中必须放入锁闭的钱箱、配票箱或上锁的手推车中，而且必须由两名车站站务员工负责安全运送。解行现金必须由规定级别（如当班客运值班员）以上的员工负责其安全。

4）现金清点的安全规定

现金的清点工作须在安全区域完成，坚持双人清点原则，并保证在仪器监控状态下进行，清点完毕及时填写台账。

3. 现金的加封

为确保车站收益安全，所有现金均需双人负责加封。在封条上应注明加封金额、加封车站、加封人、加封日期等加封内容。现金可用砂纸、信封、钱袋加封。加封后必须保证一经破封无法复原。

1）砂纸加封

一般情况下，车站清点纸币时，按各面额分类清点，同一面额纸币每满100张可用砂纸加封。加封前，在封条上注明加封内容。加封时，用砂纸一字形缠绕归整后的纸币中部，接缝处贴上封条，如图5-17所示。

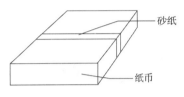

图5-17　砂纸加封示意图

2）信封加封

信封可加封纸币和票据。加封纸币一般仅限于同一面额不足100张的纸币，按面额大小归整后放入信封内进行加封。加封前，先在票务信封的正面注明加封内容。加封时，先将信封口封住，再用封条将信封背面的接缝处封住，最后在信封背面封条骑缝处及封面上盖章。

3）钱袋加封

通常用于对硬币的加封。纸币需要用钱袋加封时，应先用砂纸加封或信封加封后再放入钱袋内加封。加封前，先在封条上注明加封内容。加封时，将钱袋口用绳子缠绕扎紧后再用封条缠绕加封。

4. 假钞、错款的处理

在日常票务工作中，难免碰到假币、错款等问题，为了预防此类问题的发生，除了给票务人员配备相应的钞票真伪辨别设备外，最重要的是提高票务工作人员的整体素质及工作能力，这就要求所有票务人员在工作中能细致谨慎、一丝不苟，正确使用钞票真伪辨别设备，掌握必备的票款收缴、鉴别、计算、找零等技能。

1）车站客服中心假币、错款处理原则

车站客服中心进行现金交易时，需要使用相关设备辨别钞票真伪，如发现假钞或无法确认真伪时，应礼貌拒收。结账、缴款过程中发现收到假币时，若假币无法被车站验钞机正常检出，则相应票款损失由企业承担；若假币能够被正常检出，则损失由收款人承担。

一般情况下，当出现错款情况时，人工作业遵循"长款上交、短款自负"的处理原则。若由于设备故障引起差款（例如，BOM在车票批次处理中应发单程票20张，因设备故障，实际只发出10张，而设备记录发出了20张），则相应票款损失由公司承担。银行在票款清点过程中发现所收现金与应收票款存在差额时，相应损失由票款包封人承担。

2）自动售票机假币、错款处理原则

当发现设备收到假币时须立即停用，对TVM收取的假币，必须全过程在监控摄像状态下清点，车站须做好相关记录，企业负责承担相应的票款损失。必要时企业将组织调查。

3）鉴别真假人民币的传统做法

除了使用钞票真伪辨别设备来鉴别钞票真伪外，票务人员还应当掌握鉴别真假人民币的传统四步骤，具体如下：

"一看"：看钞票的水印是否清晰，有无层次感和立体效果，看安全线（假币常在纸张中夹入一条银白色塑料线，有时两头会露出剪齐的断头）。

"二摸"：用手指反复触摸币面主要图景及"中国人民银行"字样，真币有凹凸感，假币则无。

"三听"：钞票纸张是特殊纸张，挺括耐折，用手抖动会发出清脆的响声。

"四测"：用紫光灯检测无色荧光图纹，用磁性仪检测磁性印记，用放大镜检测图案印刷的接线技术及底纹线条。

三 现金的交接

1. 客运值班员之间的现金交接

车站客运值班员之间的现金交接主要是指客运值班员在交接过程中对车站备用金、票款的交接。交接账实是否相符直接反映车站备用金、票款收益安全情况及客运值班员差额补交情况。因此，客运值班员交接过程必须严格按照现金交接管理规定执行。

交接前，交班客运值班员需根据相关原始报表记录核算交接时的票款收入金额及备用金金额，并记录在交接班本和车站营收日报上，作为交接凭证；接班客运值班员须核算交接班本和车站营收日报上的记录是否准确，然后实际清点交接的票款、备用金，确保与交接班本和车站营收日报上的记录一致，并在客运值班员交接班本上签名确认。

交班过程中，客运值班员如果发现实点金额与交接班本和车站营收日报不一致时，若实点金额比报表金额小，即为短款，由交班人员补交相应差额，交接双方在交接台账和车站营收日报上做好记录说明；若实点金额比报表金额大，即为长款，则多出金额作为其他票款，由接班人员计入营收，交接双方在交接台账和车站营收日报上做好记录，并对账实不一致情况立即组织调查。为避免客运值班员在交接过程中私自带走交接长款，侵占企业票款收益，客运值班员交接过程中须在票务室（票款室、点钞室）监视区域进行，且由值班站长在现场监视，对交接中出现的长、短款情况，监视交接的值班站长须在交接台账和车站营收日报上做好记录说明。

以某地铁企业为例，介绍其具体交接工作流程。

（1）交班值班员根据库存实际车票数量、备用金金额、票款收入、解行金额等如实填写台账（如车站票务交接班登记簿）。

（2）接班值班员应依据台账上的记录当面清点保险柜中的现金、车票、现金缴款单回执，并进行签收。纸币、硬币清点规定如下：

①纸币清点。保险柜中的所有纸币必须当面清点后签认交接。交接时若发现数目有误，接班人应立即通知值班站长到票务室确认，同时按实际数量进行签收。值班站长应及时上报上级票务管理部门，并进行调查处理。若差额原因无法查明，则短款由

交班人补足，长款随当天票款上交。

②硬币清点。对已加封的硬币交接时，接班人确认加封正确完好后可凭加封数目交接。加封前必须双人清点（清点钱箱除外），确认无误后共同盖章加封。开封前必须双人（其中一名为客运值班员）确认封条正确完好后开封共同清点。清点后若发现金额不符，应立即请值班站长到票务室签名确认，差额由加封人负责。如未执行双人开封清点规定时，差错由开封人负责。与银行兑换的硬币，应双人清点后加封。

③交接各类车站票务报表、票务室钥匙及其他票务工器具。

④以上操作完成后，双方在交接班登记簿上签字、盖章确认。

2. 客运值班员与售票员之间的现金交接

售票员开窗工作前，客运值班员应准备好本班需使用的配票、备用金等，与售票员当面清点、交接。售票员关窗工作后，应将本班 BOM 所收票款及剩余车票清点，与客运值班员结账、交接。因此也存在现金交接问题。

1）早班车到站前规定时间售票员上班时的交接

（1）值班员与售票员当面清点所领储值票及找零款项后，将实际金额填写在售票员结算单的相应栏目中，双方盖章确认，同时将以上初始金额输入在中心计算机（SC）上的电子报表中。

（2）早班第一班售票员上班，值班员要发放 BOM 单程票票箱及客服中心钥匙和 BOM 开机钥匙，并进行登记。

（3）运营过程中，客运值班员追加的找零硬币应补登售票员结算单备用金栏。

（4）值班员向售票员收取预收款时，应当面清点所收款项，并在手工售票员结算单的"预收款金额"栏中注明后签名确认。

（5）运营过程中售票员如要离岗（上洗手间、吃饭等）时，须通知车控室，由值班站长安排值班员顶班，顶班交接时双方应各自在 BOM 设备退出及登录自己的操作号，严禁使用他人的操作号进行售票。

2）售票员下班结账时的交接

（1）值班员与售票员当面清点所收款项后将实际金额填写在售票员结算单的"实收金额"栏中，双方盖章确认。

（2）值班员与售票员当面清点剩余储值票数量后填写售票员结算单的"交班"栏，并核对检查单程票出售情况（如查看乘客事务处理单）；然后计算检查售票员结算单各项数据计算是否正确。

（3）完成以上操作后，双方在手工报表上签字、盖章确认，同时在 SC 中输入相关数据。

（4）系统在确认输入完毕后，自动调出数据库数据填入"应收金额"栏并进行核对差异。

（5）差异生成后，SC 无权对数据进行调整，只能核对相应的凭证填写差异原因。

（6）晚班售票员交班则须交还 BOM 单程票箱及客服中心的钥匙和 BOM 开机钥匙并进行登记。

3. 车站与银行之间的现金交接

车站每天至少进行一次票款解行。一般情况下，车站每日须将所有的隔夜票款、早班售票员收入、预收票款及解行前已清点的钱箱收入全部解行。车站进行现金交接时，须做好交接记录，解行完毕，将代收费凭证、现金交款单随当天报表上交票务部。

单元五　票务备品管理

城市轨道交通车站的票务工作流程复杂，手续严格，所需的备品种类繁多，并且需要专人看管，各种备品的申领使用，需要做好登记，借出须及时归还。车站中的票务备品主要有各种票务工器具和票务钥匙等。

一　票务工器具的管理

在日常票务工作中，车站需要进行大量的现金和车票的清点、存放及运送工作，为了提高车站票务工作效率，同时保障现金、车票清点工作的准确性，以及现金、车票在存放和运送中的安全性，通常需要使用一些辅助工具和器具完成票务工作。

1. 常见票务工器具

常见的票务工器具（图 5-18）主要有钱箱、补币箱、尾箱、闸机票箱、补票箱、售票盒、配票箱、票柜、保险柜、验钞机、点钞机、点币机、点票机、票务手推车等。这些票务工器具按用途不同，大致可分为存放工器具、清点工器具和运送工器具 3 类。

a)保险柜

b)票务手推车

c)点票机、点钞机、点币机(由左至右)

d)验钞机

e)钱箱、配票箱

图 5-18　部分常见票务工器具

1) 存放工器具

存放工器具主要用于安全存放车站内的现金和车票。

（1）钱箱、补币箱、尾箱。主要用于存放现金。钱箱分为纸币钱箱和硬币钱箱，放置于车站自动售票机中，用于接收乘客购票支付的纸币和硬币；补币箱主要用于存放补充自动售票机中的找零硬币；尾箱主要用于车站与银行进行现金交接时存放现金。

（2）闸机票箱、补票箱。主要用于存放单程票。闸机票箱置于出站闸机中，用于存放回收的单程票；补票箱置于自动售票机中，用于存放待售的单程票。

（3）售票盒、配票箱。主要用于存放待售的车票，置于客服中心内，用于票务员日常工作中票卡、备用金、票款的收纳，配票箱由售票员上岗前从票务室（点钞室）领出，下班前交还。

（4）票柜、保险柜。主要用于存放暂时不用的车票和现金，置于票务室（点钞室）内。

2）清点工器具

清点工器具主要用于清点车票、现金的数量，以及检验钞票的真伪。

（1）验钞机。用于检验钞票的真伪。一般具有多种验钞手段，如荧光检测、红外穿透检测、磁性检测、激光检测等。通过对人民币的纸质、油墨的颜色与厚度、磁性、荧光字等各方面进行检测，以达到辨别真伪的目的。

（2）点钞机、点币机、点票机。主要用于清点现金和车票的数量。

3）运送工器具

运送工器具主要用于运送车站内的现金和车票。

票务手推车：用于装运各种钱箱、票箱等贵重设备及现金、车票等有价证券，可锁闭，极大程度地保障了设备及有价证券运送的安全和便利。

2. 票务工器具的管理规定

票务工具和器具的状态直接影响车站票务工作的安全、效率和质量，车站须按相关规定加强对票务工具和器具的管理，以保持工具和器具数量完整、状态良好。

（1）票务工器具配发到站后，车站须设置专门的工器具台账，用于记录工具和器具的保管、交接和使用情况，保管人员须根据书面台账定期对所负责保管的所有票务工器具进行盘点，清点工器具种类、数量，并检查确认状态是否良好，确保做到账实相符、状态良好。

（2）票务室（点钞室）内的票务工器具由车站当班客运值班员全权负责保管；客服中心、临时售票亭的票务工器具由当班售票员负责保管。

（3）备品的申购和更换由车站上级相应部门统一负责，尾箱由银行负责更换。

（4）车站在使用票务工器具过程中须注意保持工器具的清洁，爱护并注意避免其受损。

二 票务钥匙的管理

1. 票务钥匙

票务钥匙是指票务工作中使用的钥匙。主要包括车站自动售检票设备钥匙、票务工器具钥匙（不包含行车值班员保管的车控室钥匙和柜门钥匙）、票务使用房门钥匙及票务室监控系统钥匙。

常见票务钥匙有 TVM 维护门钥匙、闸机维护门钥匙、自动查询机维护门钥匙、BOM 侧门钥匙、钱箱钥匙、补票箱钥匙、硬币/纸币钱箱座钥匙、TVM 副找零器上盖钥匙、BOM 电子钱箱钥匙、BOM 键盘钥匙、回收箱钥匙、纸币模块钥匙、尾箱钥匙、挂锁钥匙、票柜钥匙、钥匙柜门钥匙、保险柜钥匙、客服中心门钥匙、票务室门钥匙、防盗门钥匙，AFC 监控系统控制器锁定/设置钥匙、AFC 监控系统专用柜钥匙等。

2. 票务钥匙的保管规定

（1）票务钥匙由车站值班员或以上级别人员保管。

（2）备用钥匙（除票务室门钥匙和防盗门钥匙外）由站长加封后交由客运值班员保管，票务室门备用钥匙和防盗门备用钥匙由站长保管。备用钥匙一般仅限于工作人员不慎遗失或损坏票务钥匙时使用。

（3）根据实际工作需要及收益安全管理需要，对于一些直接涉及收益安全的操作环节，需由双人掌握不同钥匙共同完成操作，以达到互相监控的目的。

（4）车站须设立台账，记录钥匙保管情况。

3. 票务钥匙的使用规定

（1）任何人不得同时借用或掌握以下票务钥匙：

①TVM 门钥匙与副找零器上盖钥匙（补币箱钥匙）。

②TVM 门钥匙与纸币模块钥匙。

（2）AFC 维修人员对 TVM 进行故障处理时，由车站人员持 TVM 维修钥匙配合维修。

（3）纸币模块钥匙仅供维修人员使用，使用完毕由维修人员和值班站长共同加封后交由车站保管。

（4）钱箱钥匙必须在监控仪点币状态下开封，在钱箱清点过程中钱箱钥匙须一直在监控仪可视范围内。

（5）客服中心门钥匙供售票员在运营售票期间使用。运营结束后客运值班员打印相关报表需借用客服中心门钥匙时，须得到当班值班站长或以上级别人员的许可。

4. 票务钥匙的交接规定

（1）票务钥匙在保管人之间或在保管人与使用人之间交接时，车站须设置台账记录交接情况，若交接时发现钥匙有误，交接双方需及时核查，不能查明原因的，立即报告上级组织进行调查。

（2）票务钥匙借出时，借用人负责钥匙的使用安全和保管，不得随意转借他人使用。

（3）票务钥匙使用完毕应立即归还，遵循"谁借用、谁归还"原则。

（4）运营结束后保管人须对所保管的钥匙进行清点，确认全部归还。

5. 票务钥匙的更换

车站票务钥匙自然折损或折断时，由车站上级相应部门负责钥匙的更换，已破损钥匙的处理按照相关规定执行，不得随意丢弃、私自处理。

6. 遗失票务钥匙的处理

票务钥匙在保管、使用时发现遗失，车站应及时组织调查并上报上级组织，同时在台账上记录相关情况。除遗失自动售检票设备通用钥匙外，遗失其他票务钥匙时，车站应及时向上级申请更换相应锁头。

7. 注意事项

（1）所有的票务钥匙均统一配发，统一管理，不得复制、私自接收票务钥匙。

（2）使用钥匙过程中须注意避免对钥匙造成损坏。

单元六　票务报表管理

一　台账管理

城市轨道交通运营企业的票务工作纷繁复杂，每天都需要整理当天的票务工作，填写相应的票务报表（即车票的台账报表）。票务报表是记录车站现金交接、收益汇总、车票交接、发售、站存的原始记录，也是作为结算部门对站务员进行收益结算的原始依据，在车站票务工作中起着非常重要的作用。

票务报表是城市轨道交通票务管理非常重要的组成部分。通过票务报表，可以规范记录票务处理事项，可以计算车站的票务收入（这是城市轨道交通运营部门的主要收入），因此票务报表类似于财务报表，必须严肃对待。车站票务报表有手工填写和计算机录入打印出来两种形式。

1. 车站票务报表的种类

由于各城市轨道交通企业的管理模式与要求不同，所以票务报表的类型、设计和名称有所不同，但其用途类似。下面以某地铁为例说明其具体用途。

1）售票员结算单

用于反映售票员票款收支情况、结算过程中记录的报表。在客运值班员给售票员配车票、票据、备用金及中途追加车票、备用金，售票员向客运值班员上交预收款，结账等情况下填写，用于记录售票员实收总金额与所配备用金金额情况，从而核算售票员实际票款收入。

2）无效车票处理申请表

用于反映售票员受理乘客非即时退款情况的报表。一般用于乘客所持地铁储值票、日期票等车票无效，无法使用，卡内仍有余值，需要办理退款手续时填写。通过该报表向上级票务部门申请确认车票可退余值，在得到上级票务部门的确认回执后，通知乘客若干个工作日后再来车站领取车票内的余值和押金。

3）乘客事务记录表

用于反映售票员不能通过 BOM 行政处理给乘客办理退款和事务处理情况的报表。一般用于车站 BOM 故障或因车票异常无法通过 BOM 处理，需给乘客办理退款或事务处理情况时填写，记录售票员进行的无法在售票员结算单上反映的票务情况，与售票员结算单一起构成售票员收益结算的依据。

4）钱箱清点报告

用于反映 TVM 收益情况的报表。通常由客运值班员在每次更换完 TVM 钱箱进行清点时填写，用于记录 TVM 钱箱收益。每天所有 TVM 钱箱实点金额扣除车站补币金额就是车站 TVM 票款收入。

5）车站营收日报

用于反映车站每日运营收入情况的报表。通常由每班客运值班员根据钱箱清点报告、售票员结算单、TVM 补币记录单等记录填写，用于体现车站每日的运营收入情况。

通过逐项填写钱箱票款、钱箱差额、补币金额、BOM 票款、乘客事务差额等来计算 TVM 收入和售票员收入，形成车站营收总金额，并记录票款解行情况。

6）车站售票存票日报

用于反映车站每日车票发售、站存数量情况的报表。通常由客运值班员根据本日的 TVM 单程票发售记录单、SC 报表、售票员结算单、车票上交单、配票明细单等报表填写，体现车站每日各类车票的发售数量、站存数量。

7）配票明细单、车票上交单

用于反映车票配发或上交情况的报表。配票明细单一般在车票配送部门人员到站配送车票时随车票一起交给车站，客运值班员在票务室根据配票明细单与配票人员当面交接各种车票，确认无误后在配票明细单上签名，所配车票记入车站售票存票日报。车票上交单在车站上交车票时由当班客运值班员填写，记录在车站上交车票的票种、数量、上交原因等，作为双方交接的凭证。

8）现金缴款单

用于反映解行现金情况的报表。现金缴款单由客运值班员在票款解行时填写，记录车站送交银行的实际票款金额，随解行的票款一起交给银行。银行在次日清点完收到的票款后，在现金缴款单上加盖公章作为已收款凭证。填写时应注意缴款人全称、账号、开户行、金额的填写，确保票款能准确存入企业在银行的专用账户。

9）值班员交接班本

用于反映客运值班员票务交接情况的台账。值班员交接班本是客运值班员之间交接班的记录凭证，一般车站留查，不需上交上级管理部门。交接班前，交班值班员需在值班员交接班本上详细记录票务室内所有现金、车票、票务钥匙、工具器具的数量及状态，并在"交班值班员"栏签名确认；接班值班员需对照值班员交接班本记录情况，清点、检查票务室内的现金、车票、票务钥匙、工具器具的数量及状态是否与记录相符后，在"接班值班员"栏签名确认。

2. 报表的填写要求

1）报表内容填写基本要求

报表填写是一项细致而严肃的工作，填制人员必须坚持票务规章制度，报表填写必须真实、准确、完整、及时。

（1）真实。报表必须由相关人员填写且如实反映票务情况，不得弄虚作假。

（2）准确。报表填写前认真核对实际情况，以正确无误的数据填写，并仔细复核。

（3）完整。必须按报表所列事项填写，不得遗漏。

（4）及时。报表必须在规定期限内填制完毕，并按规定时间上交票务管理部门。

2）报表书写要求

必须用黑色笔填写，属于多联复写的报表一定要写透，不能上面清楚，下面模糊。报表的各项指标必须齐全，不应随便空格不报，凡因客观原因不产生数据的空格用"—"符号表示。填写人员必须签名确认。字迹必须清晰、工整，不得潦草。阿拉伯数字应逐个书写，不得连笔书写。对金额一项，小数点后无数时，应写"00"或"—"。

3）报表改错规定

报表填写发生错误时，不得刮擦、挖补、涂抹或用化学药水更改字迹。更改数字必须用"画线更正法"。使用"画线更正法"更正时，在报表中错误文字或数字上画一红线，以示注销，要求画去整个错误数字，在画线上方填写正确数字，并由更改人员在该处签名或盖人名章以示负责。

4）报表作废规定

若一张报表更改较多，相关记录已不清晰时，应另填写一份，该报表作废。作废各联应注明"作废"字样或加盖"作废"戳记，由车站留存保管，不得撕毁或随意丢弃。

3. 报表的整理、装订、留存

（1）报表整理是指将报表分类归整，仔细检查报表是否齐全，剔除不必要的部分，以便装订成册。

（2）报表装订是指将归整后的报表装订成册，以便保管和使用。一般情况下，除已经是账簿形式的报表外，其他报表均应按月按种类装订成册。装订时要加具专用封面、封底，封面注明加封车站、加封报表名称、加封时间及装订人姓名、员工号。

（3）报表的留存是指报表需在一定期限内留存，以备结算部门、审计部门提取相关数据。车站应定期按报表分类，整理并装订报表，检查报表是否完整，并设立专门的报表保管室对报表进行统一保管，确保报表的安全。不同城市轨道交通运营企业对具体的保管期限有所不同，一般是按照统计范畴的规定执行，保管期限满后，由所属部门统一注销、销毁，严禁私自将报表注销、销毁，以防泄漏商业机密。

4. 报表的上交

报表的上交通常按规定时间、地点和方式进行，各站客运值班员需要提前将车站要上交的报表归整好，放入文件袋中，做好报表上交交接的准备，再由票务人员按既定方式收取各站报表。例如沈阳地铁规定，票务部门人员乘指定车次列车到各站收取报表，交接时由客运值班员与票务部门人员在指定车次列车车头进行交接。

某城市轨道交通运营企业票务作业（交接内容）及台账（报表）种类表如表5-1所示。

某城市轨道交通运营企业票务作业（交接内容）及台账（报表）种类表　　表5-1

某城市轨道交通运营企业票务作业（交接内容）		台账（报表）记录
客运值班员与客运值班员交接	AFC设备、钥匙、工器具、备品备件及对讲设备情况	台账："车站票务交接班登记本""票务钥匙使用记录表"
	备用金、票款及车票数量	台账："车站票务交接班登记本"
	发票	台账："车站票务交接班登记本"
	核对票务报表	—
	其他需特别说明的情况	台账："车站票务交接班登记本"
售票员与售票员交接	票务备品、工器具及对讲设备	台账："车站售票问询处交接记录表"
	钥匙（客服中心钥匙、BOM收银钱箱钥匙等）	台账："车站售票问询处交接记录表"
	登录BOM、检查BOM状态	—
	其他需特别说明的情况	台账："车站售票问询处交接记录表"

续上表

某城市轨道交通运营企业票务作业（交接内容）		台账（报表）记录
站厅站务员与行车值班员交接	对讲设备及钥匙（边门的门钥匙、自动扶梯钥匙等）	台账："钥匙借用登记表""车站备品借用（归还）登记本"
客运值班员与售票员交接	钥匙	台账："票务钥匙使用记录表""车站售票问询处交接记录表"
	票务备品、工器具及对讲设备	台账："车站售票问询处交接记录表"
	车票、现金等	报表："售票员结算单"
	TVM补币补票记录	报表："TVM补币记录表"、台账"TVM加票记录表"
	闸机回收车票记录	台账："闸机回收车票记录表"
	TVM钱箱、票箱回收车票	报表："钱箱清点报告"、台账"TVM加票记录表"
	统计站存车票	报表："车站售票/存票日报"
	上交车票	报表："车票上交单"

二 票据管理

城市轨道交通线路中使用的车票（储值票、单程票等）报销凭证由公司自行印刷，城市一卡通发票由一卡通公司提供。报销凭证和发票的保管，由专人负责，妥善保管，不得丢失。各站应视报销凭证和发票的库存情况，于每月定期向票务室申报次月需求和上交计划。申报数量应保证车站一个半月的用量，并确保发票存根全部上交。

车站在接收配发的报销凭证和发票时，须认真核对凭证种类、数量，确认无误后，方可在票卡、报销凭证及发票调配单上签字；接收报销凭证和发票的同时，填写票卡、报销凭证及发票调配单，将发票存根交回；领取报销凭证和发票后，应及时在车站票据及票卡库存管理台账上填写相关记录。

对于报销凭证和发票的管理，各岗位人员应对交接、库存变化和开具发票情况进行登记。车站下发报销凭证和发票时，应及时在车站票据及票卡库存管理台账上填写相关记录，由值班站长签字确认；车站应根据乘客购买车票面值或IC卡的售卡、充值单开具报销凭证或发票，同时收回充值单，不得虚开凭证。车站上交发票存根时，应按面值分箱封装，并在相应的管理台账上及时记录。

城市轨道交通运营企业所使用的票据有定额发票、手写发票和机打发票3种，因定额发票使用方便、快捷，故使用最为频繁。

1. 定额发票

定额发票的发放、管理主要由车站站长负责，由售票员申领。一般来说，售票员领用定额发票须凭原发票存根与之调换，并做好登记等管理工作。一卡通定额发票在交易时，由票务员按交易金额主动提供给乘客。若乘客事后索取一卡通发票，售票员原则上不应给予，告知乘客可在各车站购卡或充值时主动索取发票。乘客使用单程票出站时，如乘客需要车票报销凭证，售票员可按其乘坐的距离，给予其相应票价的单程票发票。

一般城市轨道交通运营企业使用的一卡通充值定额发票面值有10元、50元、100元，车票报销凭证的面值有1元、2元、5元等。

2. 手写发票

由于手写发票使用不便，城市轨道交通运营企业较少使用手写发票。手写发票由车站站长负责管理。领用手写发票须凭原发票存根联到客运主管部门调换，并做好交接工作。开票人员需要按照手写发票的具体填写要求，正确、真实、如数填写，做到填写内容完整，大小写金额一致。手写发票如需作废，应在四联一起写上"作废"字样，不可撕下丢弃（已撕下发票也应重新贴上）。车站对用完的发票应保证整本发票联号，不得缺号、缺张。发票作为票卡报销凭证，不得开具与票卡销售无关的报销内容。

3. 机打发票

为进一步加强税源监控，堵住税收漏洞，减少税收流失，国内各城市均推广应用税控收款机。税控收款机是指具有税控功能，能够保证经营数据的正确生成、可靠存储和安全传递，满足税务机关的管理和数据核查等要求的电子收款机。税务部门通过纳税人申报数据与税控收款机记录的数据对比，实现对纳税人经营情况的有效监控。

机打发票就是从税控收款机中打印出来的有规定格式的发票。通用机打发票有平推式发票和卷式发票两种。平推式发票按规格分为5种：210mm×297mm、241mm×177.8mm、210mm×139.7mm、190mm×101.6mm、82mm×101.6mm。票面为镂空设计，除"发票名称""发票联""发票代码""发票号码""开票日期""行业类别"印制内容外，其他内容全部通过打印软件进行控制和打印。卷式发票包括税控卷式发票和非税控卷式发票，按发票宽度分为44mm、57mm、76mm、82mm 4种，按发票长度分为127mm、152mm两种。

单元七 乘客票务事务处理

在城市轨道交通日常运营工作中，会遇到诸如乘客持票无法正常进入闸机、出站时闸门被误用等乘客票务事务。此时，首先必须非常熟悉相关业务规定；其次要坚持"为乘客服务"的经营理念，讲究服务方法，确保乘客满意。

乘客票务事务是乘客利用城市轨道交通方式出行过程中，因自身或其他特殊原因造成无法正常使用设备或无法正常进出车站引起的事务处理。

在实行计程票价制的城市轨道交通运营企业，常见的乘客普通票务处理主要有车票超程、超时，车票故障或无效，进出站次序错误等。

一 普通票务事务处理

1. 车票超程

1）车票超程的含义

车票超程是指按路程计价时，付费区乘客所持车票余额不够支付按标准计算所得的起点站至终点站之间的单程车费,车票不能正常通过出站闸机的情况。

2) 车票超程的处理

(1) 单程票超程。

付费区乘客所持单程票超程时,售票员向乘客收取所欠车费后,在半自动售票机上操作更新车票,乘客持票出站。

(2) 储值票超程。

付费区乘客所持储值票超程时,售票员应推荐乘客充值;若乘客不充值,则收取超程车费,在半自动售票机上操作更新车票,乘客持票出站。

2. 车票超时

1) 车票超时的含义

车票超时是指乘客验票进入付费区后,在付费区逗留时间过长,超过城市轨道交通公司规定在付费区停留时间,车票不能正常出闸的情况。

2) 车票超时的处理

(1) 乘客所持单程票超时。

付费区乘客所持单程票超时时,售票员向乘客收取超时补款(各城市轨道交通运营企业自行规定)后,在半自动售票机上操作更新车票,乘客持票出站。

(2) 乘客所持储值票超时。

付费区乘客所持储值票超时时,若车票进站日期显示是当天进站,则向乘客收取超时补款后在半自动售票机上操作更新车票,乘客持票刷卡出站;若车票进站日期显示不是当天进站,则扣除上次乘车费用(一般是最小车程费),输入进站码更新车票,乘客持票刷卡出站。

3. 车票故障/无效

1) 车票故障/无效的含义

车票故障/无效是指车票有余值,但无法正常通过闸机,且无法通过半自动售票机进行更新处理的情况。

2) 车票故障/无效的处理

故障/无效票的处理按付费区和非付费区分别处理。

(1) 单程票故障/无效的处理。

①非付费区。

当非付费区乘客持故障/无效车票要求乘车时,售票员需判断造成车票故障/无效的原因是城市轨道交通设备的原因还是乘客自身人为原因。若属于乘客自身人为原因造成,则回收乘客手中的故障/无效车票,请乘客重新购票乘车;若为城市轨道交通设备原因造成,如自动售票机发售的故障/无效车票,则收回故障/无效车票,按规定办理乘客事务处理单,在半自动售票机上给乘客免费发售一张等值的普通单程票。

②付费区。

当付费区乘客持故障/无效单程票不能出站时,售票员通过判断,如为乘客人为原因造成车票故障无效,则收回故障/无效车票,并请乘客按规定补款后,在半自动售票机上发售有效车票供乘客出闸;若为城市轨道交通设备原因造成,则收回故障/无效车票,并在半自动售票机上给乘客免费发售一张有效车票,以供乘客出闸。

（2）储值票故障/无效的处理。

①非付费区。

当非付费区乘客持故障/无效储值票乘车时，售票员需判断是否能从半自动售票机上查询到车票帐号（ID）号码和余值。若可以查到 ID 号和余值，则按规定为乘客办理储值票的替换或补值换票；否则应请乘客填写无效票处理申请单，通知其若干个工作日后，来车站领取车票余值和押金的退款或新储值票。

②付费区。

当付费区乘客持故障/无效储值票乘车时，售票员需判断是否能从半自动售票机上查询到车票 ID 号码和余值。若可以查到 ID 号和余值，则按规定为乘客办理储值票的替换或补值换票，给新票进行更新；否则应给乘客发放一张免费出站票，并请乘客填写无效票处理申请单，通知其若干个工作日后，来车站领取车票余值和押金的退款或新储值票。

4. 车票过期

1）车票过期的含义

车票过期是指车票超过规定使用有效期，无法正常通过闸机进出站的情况。

2）车票过期的处理

车票过期按不同票种分别处理。

（1）单程票/出站票/团体票/纸票过期。

单程票/出站票/团体票/纸票通常限定为当日使用，非当日的车票即为过期票，无论乘客在非付费区还是付费区，都应向其说明原因，请乘客重新购票。

（2）储值票过期。

当乘客所持储值票超过有效期限时，若其在非付费区，直接为乘客免费办理车票的延期手续；若乘客在付费区，应在非付费区模式下为乘客办理车票延期手续后，再询问乘客进站车站，输入进站码更新车票后，乘客持票出站。

（3）一卡通过期。

一卡通的有效期由一卡通公司确定，到期后须到一卡通公司指定机构办理延期手续后方可继续使用。因此，一卡通过期时，应当指引乘客拨打一卡通公司的咨询电话，到其指定地点办理延期手续。

（4）日票/纪念票/赠票过期。

日票/纪念票/赠票的有效期以发行公布的有效期为准，车票到期后不可延期。因此这些车票过期后，只能向乘客说明原因，请乘客重新购票。

5. 车票进出站次序错误

1）车票进出站次序错误的含义

车票进出站次序错误是指车票所处付费区或非付费区模式与乘客实际所在的区域不一致的情况。

2）车票进出站次序错误的处理

车票进出站次序错误按非付费区和付费区分别处理。

（1）非付费区。

乘客在非付费区，但乘客车票显示已在进站闸机验过票，显示为付费区模式，不能再次验票进站,这种情况一般是由于乘客持票在进站闸机验票后未及时进闸所致。此时售票员应在半自动售票机非付费区模式下分析车票。若车票上次验票时与当前时间之差在系统分析的更新时间范围内,则半自动售票机显示该票可以更新,售票员按"更新"按钮更新车票信息,乘客可持车票正常进站;若车票上次验票时间与当前时间之差已超过系统允许的更新时间范围,需要根据各城市轨道交通运营企业的票务政策与规定进行相应处理。

不同城市轨道交通企业对于单程票和储值票超过免费更新时间范围的处理规定有所不同。若是单程票则应回收车票,向乘客解释说明,请乘客重新购票;若是储值票则按规定收费更新车票,乘客持更新后的车票进站。

(2) 付费区。

乘客在付费区,但所持车票没有进闸记录,显示仍为非付费区模式,车票不能正常通过出站闸机,这种情况一般是由于乘客进闸时没有成功验票,与其他乘客一起并闸进站或没有经进站闸机验票直接从其他地方进入付费区所致。此时售票员应在半自动售票机付费区模式下分析车票,根据半自动售票机分析显示单程票发售车站名,输入进站车站进行更新;若为储值票,可根据乘客口述的进站地点,按票务政策规定对车票进行付费或免费更新。

乘客在付费区,所持储值票已在出站闸机处刷卡扣费,但未出闸,核实情况后,可向乘客发放一张免费出站票。

6. 车票退票处理

城市轨道交通供乘客使用的车票是有价证券,乘客购买后因自身或其他特殊原因需要退票,应符合企业退票的限制条件。不同城市轨道交通企业对于能否退票及退票时的限制条件各不相同。根据退票责任的不同,大致可分为乘客责任退票和城市轨道交通运营企业责任退票两种。

1) 乘客责任退票

乘客责任退票是指由于乘客自身原因造成不能继续使用车票,产生退票的情形。

(1) 单程票退票。

对于已售单程票的退票,不同城市轨道交通运营企业的规定也不同。有些城市轨道交通运营企业规定单程票一经售出,概不退票。有些城市轨道交通公司规定符合一定条件可以退票,如沈阳地铁规定已购买的单程票没有进闸记录且票内信息能被读取,自购买之时起不超过20min的,乘客可以在发售站办理退票,单程票在售出20min后一律不办理退票;上海、长沙地铁规定当日未使用的单程票可按票面值退票,非当日车票不予退票。

(2) 储值票退票。

储值票还有余额,但乘客不再继续使用,要求退票时大致有以下两种情况:

①若储值票卡内信息可读,能查看车票ID和余值,一般可以由售票员通过半自动售票机办理退款手续。票面完好,可将车票余额和押金全部退还给乘客;票面有人为折损,则押金不退,只退还卡内余额。

②若储值票卡内信息不可读,或者无法通过半自动售票机进行处理,应按故障车票或无效车票办理非即时退款手续。售票员应回收故障/无效车票,请乘客填写无效车

票处理申请表，按规定将车票和报表一并上交上级票务部门审核是否能退款以及退款的具体金额，并请乘客在若干工作日之后，凭车票处理申请表收据到指定车站取回退款。

为保证储值票退款的安全、准确，无论储值票卡内信息能否读取，票务系统都可以根据各城市轨道交通公司的实际情况设置退款的其他限制条件，如使用次数、余额限制等，若车票超出限制条件范围，则无法在半自动售票机上办理即时退款，以确保退票处理有足够的安全性，防止欺诈行为的发生。

2）城市轨道交通运营企业责任退票

当企业运营过程中发生不可预料的事件，如设备故障、列车晚点或越站停车、火灾等事故，乘客要求退票时，属于城市轨道交通运营企业责任退票。通常这种情况下，在任何车站，无论乘客所持何票种，均可在规定期限内办理退票、退款或免费更新手续。

3）退票作业程序

当乘客要求退票时，工作人员应引导乘客到客服中心办理。售票员应根据需要先分析车票状态，确认车票能否办理退款，并根据公司对退票的相关规定为乘客办理退票手续。

（1）即时退款。

若车票符合即时退款条件，售票员应在 BOM 非付费区模式下操作，为乘客办理即时退款。回收车票，按规定填写相关报表，请乘客签字确认。在 BOM 上办理退款后，应再次分析车票，确认车票已退款且余额为零。若退款出现异常，售票员须立即通知客运值班员或以上级别人员到现场处理。通过 BOM 办理退款后的车票，应按要求加封上交。

（2）非即时退款。

若车票需办理非即时退款时，售票员回收车票，再根据具体情况在 BOM 上办理退款申请，或填写纸质无效车票处理申请表，上交车票及表单，由上级票务部门审批确定车票可退款金额，并请乘客在若干工作日之后，持有效凭证到指定车站领取退款。乘客持有效凭证来站领取退款时，车站应根据 BOM 非即时退款查询结果界面或无效票处理通知书显示的退款金额为乘客办理退款，并请乘客在报表上签字确认。

二 AFC 设备故障下的票务事务处理

城市轨道交通车站运营过程中，自动售检票系统承担着乘客自助购票、乘车信息查询、乘车费用扣除、乘客票务事务处理等功能。若设备出现故障或能力不足，导致乘客无法正常乘车或处理相关票务事务时，车站必须采取其他方式妥善处理，完成车站的票务运作。

1. 自动售票机卡币、卡票或找零不足

1）自动售票机卡币、卡票或找零不足的含义

（1）自动售票机卡币的含义。

卡币主要指乘客在自动售票机上投币购票时，因自动售票机自身原因或乘客所投纸币（硬币）边缘变形、黏有胶带物等原因，导致纸币（硬币）被卡在自动售票机的

某个部位，且自动售票机不再接收纸币（硬币）的情况。

（2）自动售票机卡票的含义。

卡票主要是指自动售票机在给乘客发售单程票的过程中，因自动售票机自身原因或单程票边缘变形、变厚等原因，导致单程票被卡在自动售票机的某个部位，且自动售票机自动进入"暂停服务"模式的情况。

（3）自动售票机找零不足的含义

自动售票机找零不足是指当乘客投入自动售票机的现金金额大于实际购票金额，因自动售票机自身原因或找零硬币边缘变形、黏有胶带物等原因，导致找零硬币被卡在自动售票机的某个部位，自动售票机停止找零，造成乘客找零金额不够的情况。

2）自动售票机卡币、卡票或找零不足的处理

当乘客反映自动售票机卡币、卡票或找零不足时，客运值班员首先要检查自动售票机投口或取票口是否有纸币、硬币、车票堵塞以及显示屏是否显示卡币、卡票或找零不足故障代码，确认是否发生卡币、卡票或找零不足情况。如显示屏显示相应故障代码，则应按车站规定填写乘客事务处理单，对卡币的乘客以多退少补的原则给乘客发售相应面值的车票；对卡票的乘客可在半自动售票机处按乘客需求重新发售一张车票或者办理退票手续；对找零不足的乘客可在半自动售票机上退还相应款额给乘客。给乘客以合理交代后，报专业维修人员处理设备故障。如检查投币口或取票口无纸币、硬币、车票堵塞，显示屏未显示相应故障代码，则由客运值班员与另一车站员工共同打开自动售票机维修门，查看自动售票机的最近交易记录，并根据查询情况进行处理。若自动售票机显示正常且没有与乘客反映购票情况一致的交易记录，则表示没有卡币、卡票、找零不足情况发生，由客运值班员负责向乘客做好解释工作。若乘客坚持称设备存在故障，不接受解释，可以向值班站长申请调用车站监控录像，根据录像情况再进行处理。某地铁自动售票机卡币、卡票或找零不足的处理流程如图5-19所示。

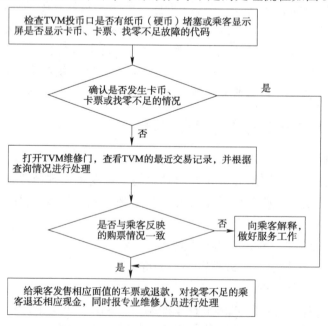

图5-19 某地铁自动售票机卡币、卡票或找零不足的处理流程

2. 自动售票机充值不成功

1) 自动售票机充值不成功的含义

自动售票机充值不成功是指乘客在自动售票机上投币充值时，因自动售票机自身原因或其他原因，导致自动售票机收取乘客投入的充值金额后，并不能充进票卡余额（未将充值金额信息写入票卡）的情况。

2) 自动售票机充值不成功的处理

当乘客反映自动售票机充值不成功，客运值班员与值班站长应共同打开售票机维修门，查看最近交易记录，确认是否有与乘客反映一致的充值交易记录。若没有与乘客反映一致的充值交易记录，则应立即通知专业维修人员到现场处理，确认自动售票机是否发生已收款但充值不成功的情况。客运值班员根据维修人员判断结果进行乘客事务处理。

若有与乘客反映相符的充值交易记录，在半自动售票机上分析车票，根据查询情况，核实是否确有发生自动售票机已收款但充值不成功的情况。

若半自动售票机分析车票显示已成功充值，则请乘客通过显示屏确认车票已成功充值，并请乘客通过显示屏确认车票充值前后余额及相应时间，做好解释工作后将票卡交还乘客。

若半自动售票机分析车票余额及历史记录均显示没有该次充值，则表示自动售票机确实发生已收款但充值不成功的情况，客运值班员应按规定办理乘客事务处理单，注明充值不成功处理情况，根据乘客需要在半自动售票机上为乘客办理等额充值或退还乘客充值金额。某地铁自动售票机充值不成功的处理流程如图5-20所示。

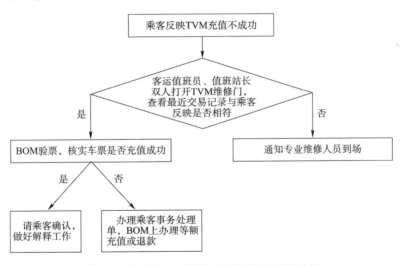

图5-20 某地铁自动售票机充值不成功的处理流程

3. 闸机吞票或未按折扣扣款

1) 出站闸机吞票的处理

当乘客反映出站闸机吞票，工作人员应询问乘客出闸具体情况，确认乘客出闸时闸机确实处于暂停服务状态或出站闸机显示正常但投票口确有卡票现象，则按规定填写乘客事务记录表，给乘客发售一张免费出站票，通知维修人员到达车站排除该闸机故障。若闸机显示正常且能接受车票时则向乘客解释说明，给乘客发售付费出站票。

若乘客坚持闸机吞票故障存在，不接受解释，可以向值班站长申请调用车站监控录像，根据录像情况再进行处理。

2）对储值票出站闸机未按折扣扣款时的乘客事务处理

乘客反映持储值票出闸，出闸机未按折扣扣款时，车站通过半自动售票机分析车票，经值班站长以上级别员工查询最近历史交易记录确认出闸机未按折扣扣款，如多扣乘客车费，则车站应给乘客退还多扣的车费，并在乘客事务记录表上详细记录处理情况，请乘客签名，并通知维修人员到达车站排除该闸机故障。某地铁储值票出站闸机未按折扣扣款时的乘客事务处理流程如图5-21所示。

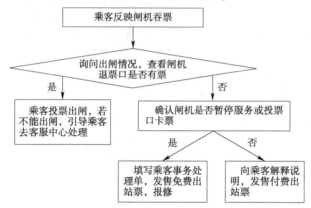

图5-21 某地铁储值票出站闸机未按折扣扣款时的乘客事务处理流程

4. 自动售检票设备能力不足的票务应急处理

自动售检票设备能力不足的票务应急处理主要针对车站半自动售票机、自动售票机或自动检票机部分或全部故障，或由于车站突发大客流导致设备能力不足等情况。

对已通过广播或其他方式发布"乘客可在×日内办理退票"信息的运能不足情况，对要求取消乘车的乘客可办理退票或免费更新，但原则上不发赠票。应急情况下车站对受影响的车票进行处理时可由售票员单独办理，车站客运值班员或以上级别人员及时跟进，了解现场办理情况即可。

1）半自动售票机故障

当车站半自动售票机故障时，乘客所持车票不能在半自动售票机上进行分析处理操作，当乘客不能正常进出闸机时，车站应根据情况给予不同处理。

（1）部分半自动售票机故障。

若只有部分半自动售票机发生故障，售票员应通知客运值班员进行故障处理，并在售票窗口摆放"设备故障，暂停服务"提示牌；同时，客运值班员应安排人员引导乘客至自动售票机TVM购票充值或到其他能正常办理业务的客服中心办理相关票务业务。客运值班员无法处理的设备故障，通知相关维修部门，并做好报修记录。

（2）全部半自动售票机故障。

当全部半自动售票机发生故障时，售票员应及时在售票窗口摆放"设备故障、暂停服务"提示牌，并通知值班站长。值班站长开启车站所有可用自动售票机，引导乘客到自动售票机上办理充值，并立即报修。派人在各进、出站闸机处看护，对不能正常进出闸的乘客，开启边门，指引乘客由此进出，回收出站乘客的单程票。

(3) 半自动售票机故障的处理程序。

半自动售票机故障的处理程序如图 5-22 所示。

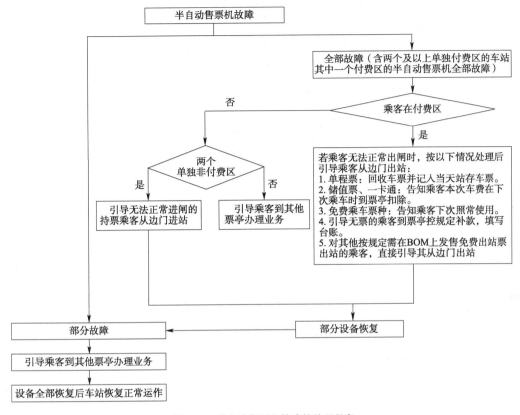

图 5-22 半自动售票机故障的处理程序

2) 自动售票机故障或能力不足

自动售票机能力不足是指当车站出现突发大客流等特殊情况时，由于现有的自动售票机数量有限，不能满足乘客购票需要，导致大量乘客在车站非付费区滞留并等候购票的情况。能力不足的处理与设备故障处理类似。

(1) 部分自动售票机故障。

当站内部分自动售票机故障时，若为职责范围内的故障情况，客运值班员应进行简单故障处理；若为非职责范围内或无法处理的设备故障，应及时向相关部门报修，并做好报修记录。

站内站务人员对乘客做好引导宣传工作。若无法满足乘客需求，视客流情况，值班站长可下令适当加开半自动售票机，安排售票员在半自动售票机上出售单程票，以加大售票能力。

(2) 全部自动售票机故障。

当车站全部自动售票机故障时，客运值班员应立即通知值班站长，向相关维修部门报修，做好记录，并到站厅进行宣传疏导工作。全部自动售票机故障时，值班站长安排售票员在半自动售票机上出售单程票。根据客流情况，当半自动售票机售票不能满足乘客购票需求时，值班站长需要报站长确定是否出售预制票或纸票，并报告控制中心的行车调度员，由行车调度员通知其他车站做好给乘客检票的准备工作；同时安排人员引导持纸票的乘客从应急通道进站。车站在设备恢复正常或客流得到有效缓解后恢复正常运作，值班站长决定停止售卖纸票并上报控制中心行车调度员。

（3）自动售票机故障或能力不足的处理程序。

自动售票机故障或能力不足的处理程序如图5-23所示。

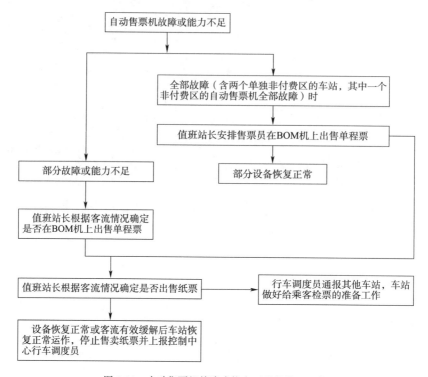

图5-23 自动售票机故障或能力不足的处理程序

3）全部售票类设备故障

当车站发生自动售票机和半自动售票机全部故障时，将无法出售单程票，乘客所持车票也不能在半自动售票机上进行分析、处理操作。此时，客运值班员应立即向值班站长汇报车站设备情况，向相关维修部门报修，做好报修记录。值班站长应立即将车站现场运营处置情况上报中心站站长（站区长），并由站长（站区长）逐级上报公司，由站长（站区长）根据客流情况下令发售预制票或纸票。若车站客运组织安全有序且运力允许的情况下，车站站存预制票可以满足发售需求，车站可发售预制票。

（1）故障发生站的处置。

①车站通过调度电话通知控制中心行车调度员，由行车调度员告知线路内其他车站做好应对准备。

②客运值班员到票务室，将封存预制票配发给各售票员，做好相关台账报表记录。

③客运值班员配发好预制票后，到站厅进行宣传疏导工作。

④售票员领取预制票，在车站客服中心（或临时售票亭）内依照票价表发售预制单程票。

⑤车站工作人员应做好宣传引导工作，组织乘客有序进出车站。

⑥车站通过广播、提示牌、人工宣传等方式提醒乘客暂停充值业务，引导乘客购买预制单程票。

（2）故障发生影响站的处置。

当其他车站被告知线路内某车站发售预制票时，值班站长应立即告知站内所有票务工作人员。如有无进站标记且无发售站信息的预制票，按故障发生站进行相应补票作业，非当日乘坐回收原票卡，按过期票进行相应补票作业。

当部分设备恢复正常后，故障发生站值班站长应根据客流情况决定停止售卖预制票或纸票，并上报控制中心行车调度员。

（3）自动售票机和半自动售票机全部故障的处理程序。

自动售票机和半自动售票机全部故障的处理程序如图 5-24 所示。

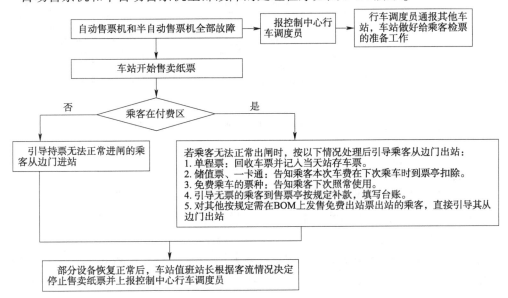

图 5-24　自动售票机和半自动售票机全部故障的处理程序

4）进站闸机故障

（1）部分进站闸机故障。

当部分进站闸机故障时，值班站长可视客流情况，下令减缓或减少售票窗口。如有需要，可适当关闭站内自动售票机及售票窗口，以减少车站进站压力。

（2）全部进站闸机故障。

全部进站闸机故障是指全部进站闸机停止检票，乘客无法通过进站闸机正常进站。当发生全部进站闸机故障时，值班站长应指挥各岗位人员按以下程序处理：

①故障发生站票务处理。

故障发生站必须及时安排人员引导持票的乘客通过边门进站，同时报控制中心行车调度员，由行车调度员通知其他车站做好给乘客更新车票的准备工作。车站在设备恢复正常或进站闸机客流得到有效缓解后恢复正常运作，并上报控制中心行车调度员。

②受影响车站票务处理。

受影响车站在接到行车调度员通知后，安排售票员做好乘客车票更新工作，引导乘客更新车票后通过出站闸机正常出站。

（3）全部进站闸机故障或进站闸机能力不足的处理程序。

全部进站闸机故障或进站闸机能力不足的处理程序如图 5-25 所示。

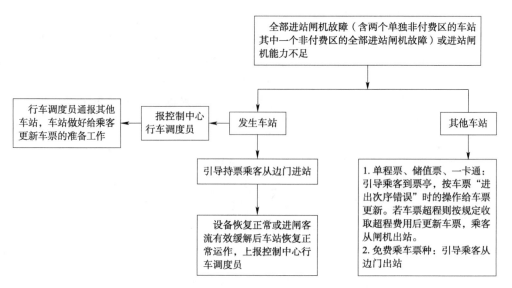

图 5-25 全部进站闸机故障或进站闸机能力不足的处理程序

5）出站闸机故障

（1）部分出站闸机故障。

当部分出站闸机故障时，在车站条件许可情况下，可打开故障闸机通道，组织持回收类车票乘客出站，人工回收车票，宣传引导持非回收类票卡乘客刷卡出站。

（2）全部出站闸机故障。

全部出站闸机故障是指全部出站闸机停止检票，乘客无法通过出站闸机正常出站。当发生全部出站闸机故障时，值班站长应指挥各岗位人员按以下程序处理：值班站长及时报控制中心行车调度员，通知售票员及站台站务员引导乘客从边门出站，对持单程票的乘客，应回收其单程票并记入当天站存；对持储值票/一卡通的乘客，应告知其本次车费在下车乘车时到客服中心扣除。车站在设备恢复正常或出闸客流得到有效缓解后恢复正常运作，并上报控制中心行车调度员。

（3）全部出站闸机故障或出站闸机能力不足的处理程序。

全部出站闸机故障或出站闸机能力不足的处理程序如图 5-26 所示。

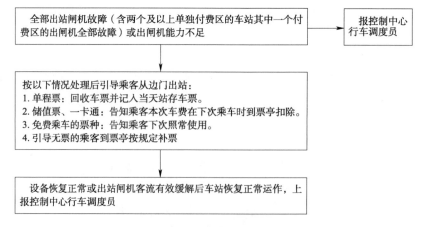

图 5-26 全部出站闸机故障或出站闸机能力不足的处理程序

三　降级运营模式下的票务事务处理

1. 降级运营模式的设置原则

（1）列车故障模式的设置原则：地铁发生运营故障，需在某站进行清客时；列车晚点，要求退票的乘客超过一定人数（如10人）时。

（2）进出站次序免检模式设置原则：车站的进站闸机全部故障且无法立即修复或者由于车站出现大客流乘客拥挤，大量由本站进站的乘客未通过进站闸机时。

（3）时间免检模式的设置原则：由于列车延误或时钟错误等地铁原因导致乘客手中的车票超时时。

（4）日期免检模式的设置原则：由于地铁原因导致乘客手中车票过期时。

（5）车费免检模式的设置原则：在接到行车调度员有关"列车越站"的通知时。

（6）紧急模式的设置原则：车站出现危及乘客生命安全、需要及时疏散乘客出站的紧急情况时。

2. 降级运营模式下的设备表现

当自动售检票系统设为降级运营模式时，其设备表现与正常运营模式时不同。设备主要表现如下：

（1）中央计算机系统工作站上会明显地显示该车站名称及模式，如字体或颜色闪烁等，以便进行监控。

（2）设置了该模式的车站计算机系统会在显著位置用明显的文字或符号显示所设置的模式，并用明确的文字或符号显示车站内的哪些设备已经进入该模式。

（3）在收到车站计算机系统下达的命令后，车站终端设备按模式要求进入相应的状态，并按模式要求对车票进行处理。

3. 降级运营模式下的车票处理

1）列车故障模式

在列车故障模式下，对于已购票进站的乘客和列车清客后的乘客，乘客可持票通过出站闸机出站。单程票，不回收返还乘客；储值票，车票中的金额或乘次不扣。

模式结束后，对于乘客留存的单程票，若选择继续使用，可在一段时间内在系统中的任一车站继续使用，重新通过进站闸机进站；对于不准备继续使用单程票的乘客，可在规定时间内（如7天）到客服中心办理退票。储值票等其他车票可在规定时限内到任意车站客服中心免费更新。

2）进出站次序免检模式

当车站的进站闸机全部故障无法立即修复或车站出现大客流冲击时，允许乘客不通过进站闸机进站。进出站次序免检模式下对车票的处理如下：

（1）在设置此模式的车站，所有进站闸机及边门开放，不检验任何车票，持票乘客可以直接进站。

（2）无进站信息的车票在其他车站或本站出站时，对于储值票/一卡通，系统均认为它是由指定车站进站，出站闸机将自动扣除相应的费用，乘客从闸机出站；对于单程票，会检查购票车站，如果是指定车站，则不检查进出站次序，并回收，但票值必须相符，否则也要补交相应的费用。

（3）若有大于两个车站设置该模式，则对所有无进站信息的车票都不检查进出站次序，出站闸机按最低车费进行扣费。储值票/一卡通扣除最短程车费；计次票扣除一个乘次；单程票不检查车票余值，直接回收。

3）时间免检模式

如果由于城市轨道交通企业的原因，引起列车延误或者乘客进站后在系统停留的时间超过系统设置的乘车时间，为了使这部分乘客不受影响能正常离开车站，系统可设置"时间免检模式"。在这种情况下，出站闸机不检查车票上的进站时间信息，但仍然检查车票的票值，所有车票按正常方式扣值。

4）日期免检模式

若由于城市轨道交通公司的原因导致乘客手中的车票过期，系统设置日期免检模式，在此模式下允许过期的车票继续使用，但仍然检查车票的票值、进站码等信息，所有车票按正常方式扣值。

5）车费免检模式

如果某个城市轨道交通车站由于事故或者故障而关闭，导致列车越过该站后才停车，系统可将越站停车的第一个车站设置"车费免检模式"。被设置"车费免检模式"的车站，其出站闸机将不检查车票的余值，回收所有的单程票，对于储值票、一卡通则扣除最少的车费。

6）紧急放行模式

当车站出现危及乘客生命安全、须及时疏散乘客出站的紧急情况时，车站客运值班员或值班站长须立即通过车站控制室内的紧急按钮或车站计算机设置"紧急放行模式"。由于紧急按钮的操作时间更短，所以优先选用紧急按钮操作设置。若紧急按钮设置无效，再通过车站计算机设置"紧急放行模式"。在"紧急放行模式"下，车站内所有闸机将不对车票进行处理，同时闸机的闸门全部打开，方便乘客紧急疏散，乘客不需使用车票，可直接快速离开车站。

在系统设置为紧急放行模式时，车站内的进站闸机都将显示"禁止进入"标志，同时所有的自动售票机自动退出服务；车站计算机将车站设置为紧急放行模式的信息传送到中央计算机，中央计算机将向其他车站广播这一信息，并记录被设置为紧急放行模式的时间。由于在此情况下，乘客不需要检票就可以离开车站，系统将允许这些车票在一段时间内能正常使用。例如，在设置紧急放行模式期间，在该车站（进入紧急放行模式前）购买的单程票能在所有车站使用，可乘坐与车票票值相符的车程；在设置紧急放行模式期间，在该车站出站的所有车票，在下一次进站时进站闸机将自动更新车票上的进站标记，不收取任何费用。系统允许的时间值将通过中央计算机设置，并下载到所有车站，超过系统规定的时间，这些车票只能通过半自动售票机更新才能使用。

当故障消除后，设备向上一级系统报告后进入正常运营模式或关闭非正常模式。

模块学习任务

能够掌握城市轨道交通票务管理的基本内容与具体方法。

实施（模拟现场，票务工作全过程模拟演练，角色扮演分组实施）：

（1）将学生分组。将学生分为乘客组、售票员组和客值组。

（2）以训练学生的票务工作实践能力为目标，由授课教师按车站票务工作的实际工作过程进行设计，模拟车站售票、票务结算、票务盘点等工作任务。

拓展与提高

收集不同国家、不同城市的城市轨道交通票务管理实例，了解售检票系统的发展历史和发展趋势，深入理解做好票务管理工作对城市轨道交通运营的重要意义。

实践训练

组织学生去城市轨道交通车站现场观摩，实地观察车站的自动售检票过程及售检票工作人员的工作流程，发现问题，提出解决问题的思路。

思考题

1. 城市轨道交通票务系统的业务管理包括哪些内容？
2. 简述车票的发展历程。
3. 简述城市轨道交通运营企业车票的配转流程。
4. 简述车票的加封方法。
5. 我国地铁常采用的票制有哪些？
6. 简述城市轨道交通车站现金的来源。
7. 简述现金的加封方法。
8. 常见票务工器具包括哪些？
9. 报表内容填写基本要求有哪些？
10. 请说明车票超程和超时的含义。
11. 车站发生运营故障时票务如何处理？

模块六

城市轨道交通应急救援

知识提要

(1) 城市轨道交通的应急救援预案；
(2) 城市轨道交通的应急救援工作；
(3) 城市轨道交通应急救援体系的建设。

模块任务

(1) 掌握城市轨道交通的应急救援预案概念及主要内容；
(2) 掌握城市轨道交通的应急救援预案的基本结构；
(3) 掌握应急救援体系建设的主要内容。

模块准备

各城市轨道交通运营企业应急救援预案、应急救援的各项规定与措施的相关案例。

理论知识

单元一 应急救援预案

一 应急救援预案的概念

1. 应急救援的概念

应急救援是指针对突发、具有破坏力事件所采取的预防、响应和恢复的活动与计划。

应急救援的主要目标是实现对突发事故灾害做出预警，控制事故灾害发生与扩大，开展有效救援，减少损失和迅速组织恢复正常状态。

应急救援的对象是突发性和后果与影响严重的事故与灾害。

2. 应急救援预案的概念

应急救援预案（简称应急预案）可以定义为：针对可能发生的重大事故（件）或灾害，为保证迅速、有序、有效地开展应急与救援行动，降低事故损失而预先制定的有关计划或方案。它是在辨识和评价潜在的重大危险、事故类型、发生的可能性、发生过程、事故后果及影响严重程度的基础上，对应急机构与职责、人员、技术、装备、设施（备）、物资、救援行动及其指挥与协调等方面预先作出的具体安排。

3. 应急救援预案的作用

应急救援预案是指导应急救援的规范性文件，明确了在突发事故发生之前、发生过程中以及刚刚结束之后，谁负责做什么，何时做，以及相应的策略和资源准备等。编制重大事故应急救援预案是应急救援准备工作的核心内容，也是我国有关法律法规的要求。

成熟、优化的突发事故应急救援预案，可以做到发生事故时的应急救援，避免次生事故的发生。因此，以完善的事故预防措施为基础，做好预案的管理工作，可以真正体现"安全第一，预防为主"的方针，营造一个安全、少灾、无害、和平的城市交通环境。

二 应急救援预案的分类

城市轨道交通应急救援预案主要有故障应急救援预案、事故应急救援预案、突发事件应急救援预案3类。

（1）故障应急救援预案，包括列车故障应急救援预案、供电设备应急救援预案等。

（2）事故应急救援预案，包括行车事故应急救援预案、外部人员伤亡应急救援预案等。

（3）突发事件应急救援预案，包括火灾、爆炸、投毒应急救援预案、车站大客流应急预案等。

三 应急救援预案的基本内容与基本结构

1. 应急救援预案的基本内容

应急救援预案的基本内容包括：特定事故（故障、突发事件）的定义，报警或报告程序，应急处置组织指挥，应急处置程序与措施，抢险抢修方案，现场急救医疗方案，以及通信交通等内部保障和救护消防公安等外部支援条件。

2. 应急救援预案的基本结构

城市客运交通系统中可能发生的重大事故是多种多样的，但应急资源是需要共享的。如何针对多种事故类型进行应急预案的系统规划，保证各应急预案之间的协调一致，形成完整的应急预案文件体系，避免预案之间的矛盾和交叉，这些问题在应急预案编制之初就应予以统筹考虑，否则将给应急组织机构职责、指挥及响应程序带来不必要的内容重复，引起矛盾与混乱，对应急预案的维护与职责的明确等也会带来一系列的影响。

城市轨道交通事故灾害大致可分为安全事故、自然灾害、人为突发事件3类。针对每一类灾害的具体应急救援措施可能千差万别，但其导致的后果和影响却大同小异。所以，可以通过制定出一个基本应急模式，由一个综合的标准化应急体系有效地应对不同类型危险所造成的共性影响。

城市轨道交通系统救援体系的总体目标是控制事态发展、保障生命财产安全、恢复正常运营。可以针对事故特点，如爆发速度、持续时间、范围和强度等，制定具有针对性的专项应急预案。为了保证各种类型预案之间整体协调与层次清晰，实现共性与个性、通用性与专业性的结合，适宜采用分层次的综合应急预案。城市轨道交通系统救援体系的建设，从保证预案文件体系的层次清晰和开放性方面考虑，可将预案分为综合预案、专项预案和现场预案。应急预案基本结构如图6-1所示。

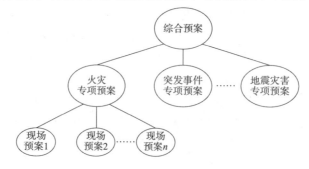

图 6-1 应急预案基本结构

综合预案、专项预案和现场预案由于各自所处的层次和适用的范围不同，其内容在详略程度和侧重点上会有所不同，但都可以采用相似的结构，如基于应急救援任务或功能的"1＋4"预案编制基本结构，即应急预案 = 基本预案 + （应急功能附件 + 特殊风险预案 + 标准操作程序 + 支持附件）。

（1）基本预案，是该项应急预案的总体描述。主要阐述应急预案所要解决的紧急情况，应急的组织体系、方针，应急资源，应急的总体思路，并明确各应急组织在应急准备和应急活动中的职责以及应急预案的演习和管理等规定。

（2）应急功能附件，是针对在各类重大事故应急救援中通常要采取的一系列基本应急行动和任务而编制的计划，如指挥、控制、警报、通信、人群疏散、人群安置、医疗等，并明确每一应急功能针对的形势、目标、负责机构、支持机构、任务要求、应急准备和操作程序等。

（3）特殊风险预案，是在对城市轨道交通系统进行安全评价的基础上，针对每一种可能发生的重大风险事故，明确其相应的主要责任部门、有关支持部门及其相应的职责，并为该类专项预案的制定提出的特殊要求和指导意见。

（4）标准操作程序，用来规范在应急预案中没有给出的每一任务的实施细节，各个应急部门必须制定相应的标准操作程序，为组织或个人提供履行应急预案中规定的职责和任务时所需的详细指导，标准化操作程序应保证与应急预案协调一致。

（5）支持附件，主要包括应急救援有关支持保障系统的描述和相关附图表，如城市轨道交通系统主要危险有害因素登记表、重大事故影响范围预测分析、应急机构及人员通信联络方式、消防设施分布、疏散线路图、媒体联络方式、相关医疗单位分布图、交通管制范围图等。

单元二 应急救援体系的建设

一 应急救援体系中的主要应急机制

应急救援活动可分为应急准备、初级反应、扩大反应和应急恢复4个阶段。应急机制与这些应急活动密切相关。应急机制由统一指挥、分级响应、属地为主和公众动员4个基本机制组成。

统一指挥是应急活动的最基本原则。应急指挥一般可分为集中指挥与现场指挥，或场外指挥与场内指挥几种形式。但无论采用哪一种形式，指挥系统都必须实行统一指挥模式。应急救援活动涉及单位无论级别高低和隶属关系如何，都必须在应急指挥部的统一组织协调下行动。

分级响应是指在从初级响应到扩大应急的过程中实行分级响应的机制。扩大或提高应急响应级别的主要依据是：

（1）事故灾难的危险程度。
（2）事故灾难的影响范围。
（3）事故灾难的控制事态能力。

而事故灾难的控制事态能力是"升级"的最基本条件，扩大应急救援主要是提高指挥级别、扩大应急范围等。

属地为主是强调"第一反应"的思想和以应急现场指挥为主的原则。

公众动员机制是应急机制的基础，也是最薄弱、最难以控制的环节。

二 应急救援体系建设的主要内容

1. 事故预防

许多事故的发生都是因正常条件发生偏差而引起的。如果能事先确定出某些特定条件及其潜在后果，就可利用相应手段减少事故的发生，或者减少事故对外界的影响，预防事故要比发生事故后再纠正容易得多。因此，在城市交通新线设计及旧线改造中，必须设计必要的安全装置和设施，以提高城市交通运营系统的安全程度。另外，事故预防工作也不可忽视操作规程、应急规程和管理策略的建立及定期的培训和维护。

2. 应急救援预案准备

准备工作主要包括：发现预测任何可能出现的紧急事故类型及其影响程度；制定紧急状态下的反应行动，以提高准备程度；确保系统在紧急情况下，做到准备充分和通信通畅，从而保证决策和反应过程有条不紊；保证人员进行培训和演习，定期更新应急预案和重新评价其有效性。

3. 应急救援系统的组成

应急救援系统从功能上讲，可由应急指挥中心、现场指挥中心、支持保障中心、媒体中心和信息管理中心5个运作中心组成。要做到快速、有序、高效地处理应急事故，需要应急救援系统中各个中心的协调努力。其运作程序可用图6-2表示。

4. 应急救援预案

应急救援预案应至少包括以下主要内容：应急资源的有效性、组织和利用；事故的评估程序；指挥、协调和反应的组织结构；通报和通信联络的程序；应急反应行动（包括事故控制、防护行动和救援行动）；培训和演习及应急救援预案的维护。

5. 应急培训与演习

应急培训与演习的目的是：测试应急救援预案的充分性；测试应急培训的有效性和队员熟练性；测试现有应急装置和设备供应的充分性；确定训练的类型和频率；提

高与现场外应急部门的协调能力；通过训练来识别和改正应急救援预案缺陷。例如，北京地铁突发事件应急处理演练实习，由北京市交通委、北京市运输管理局和北京地铁公司联合组织。通过建立应急预案演练制度，完善了对包括爆炸、火灾、化学恐怖袭击等突发事件的应急处置办法，并通过多次应急演习提高了地铁乘客与地铁从业人员对突发事件的反应能力及解决问题的能力，同时提高了各个部门机构的合作默契程度。

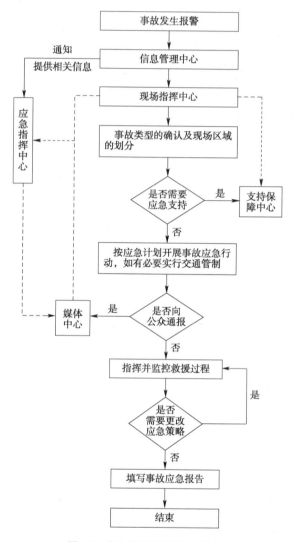

图 6-2 应急救援系统的运作程序

6. 应急救援行动

一个完善的应急救援体系，应能在事故和灾害发生时，及时调动并合理利用应急资源（包括人力资源和物资设备资源）投入救援行动事故现场，针对事故灾害的具体情况，选择适当的应急对策和行动方案，从而能及时有效地进行应急救援行动，使伤害和损失降低到最低程度和最小范围，并在最短时间内控制事故。

7. 系统恢复与善后

当应急阶段结束后，从紧急情况恢复到正常状态，需要时间、人员、资金和正确的指挥。通常情况下，重要的恢复活动包括事故现场清理、恢复期间的管理、事故调查、现场的警戒与安全、安全和应急系统的恢复、人员的救助、法律问题的解决、损失状况的评估、保险与索赔、相关数据收集、公共关系等。

三 案例分析

下面以日本地铁应急管理体系为例进行介绍。

1. 日本地铁概况

日本城市拥有的地铁线路是亚洲最长的。由于日本地震灾难的频发性，地铁作为受影响最小的交通工具在国家交通体系中所占地位较高，东京地铁充当了战争时期的民用避难和军用物资运送的场所。

日本地铁每年输送乘客约46.93亿人次，相当于每个日本人每年乘坐47次。

日本的自然灾害频发，因此日本人的防微杜渐和未雨绸缪的安全意识很强。从地铁安全方面采取的措施也可以看出这一点。

2. 日本地铁应急管理体系特点

1）及时更新地铁设施设备

在经历近30年的城市地铁高速发展期后，日本城市如东京、大阪、名古屋等在20世纪80年代末基本完成了中心城区地下轨道交通网络的规划与建设。经济和科技的飞速发展，为日本地铁的更新改造创造了极好的条件。日本从各个方面进行了地铁硬件和软件的改造。地铁车站的更新装修、运营列车的空调化、环境设施的自动化和舒适化、以人为本的标志系统设置、各种交通系统之间的高效有序换乘、地铁车站与周边地区的联动开发与连通搞活等，使原有地铁进入了一个全新的改造时代，从而更好地发挥了功能与作用。

2）注重提高地铁科技含量

20世纪90年代，日本的隧道盾构技术进入了"多元复合型"的全新时代。为了提高地下空间的利用效率、降低建设成本，1990年，第一台水平双圆MF型盾构应用于京叶线车站，双线区间隧道建设施工取得成功，从而引发了日本隧道盾构掘进机的革命。多种形式的高性能复合型盾构掘进机开始研制与开发，加快了地铁的区间隧道和车站的暗挖施工建设，有效地保证了安全。除在工程方面注重先进科技的应用外，在乘客服务方面也不断改善管理效率，体现人性化安全的理念。在每个地铁站内，设有专门直梯，为残障、妇女、儿童专用；很多入口的扶手上也都标记了盲文；针对东京地铁骚扰事件频发，开辟了女性专用车厢，让乘客权益得到更大保障。

3）合理加强地铁应急措施

在地铁防火的应急措施方面，确定了防火应急的基本思路。在加强地铁防火措施的同时，综合考虑发生火灾时如何确保旅客安全地回到地面。对于火灾发生的条件，不仅考虑有人利用车下机器发出的火花或打火机放火等情形，还考虑了使用汽油在列车内和车站商店等位置放火等情形。虽然目前日本地铁使用的车辆符合现行的有关标准，具备一定的防火能力，但出于进一步的安全考虑，为了防止在应对发生易燃火源火灾时火势在列车中蔓延，禁止在车辆天花板上使用对易燃火源火灾防火能力差的材料以及燃烧时熔化飞溅的材料。

在有关车辆材料燃烧试验的规定中,除追加了测定材料是否在燃烧时熔化飞溅一项外,还增加了测定其在易燃火源火灾时防火能力的试验。另外,为了防止火灾时浓烟向相邻车厢扩散,还要求在车厢连接处安装平时不开的贯通门。作为地铁车站和地下隧道的火灾应对措施,现行规定要求必须设置两条以上安全通道;同时,在应对易燃火源火灾时,在确保旅客安全避难的条件下,为了能使消防工作顺利进行,个别车站必须装备确保旅客安全避难时间的排烟设备。有关排烟设备的排烟能力测定,现行标准是依据具有代表性的地铁车站来测定的。

考虑个别车站结构复杂以及深度不同,制定了面向个别车站的排烟设备排烟能力测定方法。另外,在排烟能力的测定方法中,还增添了在易燃火源火灾情况下的测定方法。在确保旅客安全避难的同时,为了方便消防救援活动的进行,要求在建设站台和车站大厅时,设置能阻断从燃烧处产生的浓烟和火焰的防火门。为了确保旅客的逃生路线,不在死胡同处设立商店。如果设立了商店,则必须设置火灾自动报警装置;如果是24h营业型的商店,则还要设置救火装置。为了保证能顺利展开有组织的消防救助,还要配备无线通信辅助设备,以保证消防队员和地面的通信。

另外,根据地铁车站的规模,还要求配备消防器械的紧急电源插座。在有关引导旅客避难的应对措施方面,为了能更为切实地进行旅客安全避难引导,要求采取印制完备的指导手册以及张贴路标等措施。指导手册中详细规定了火灾发生时驾驶方面的注意事项,比如在行驶中发生火灾时要继续将车开到下一车站等。同时针对车站构造以及工作人员等情况制定了面向个别车站的指导手册,规定了旅客避难引导方法等火灾发生时负责人应该采取的措施,还统一了消防器械、紧急报警装置等标识在宣传画里的使用标准。在标明车站以及车辆内部的避难路线和消防器械配置图的同时,还要求平时在车站内和列车上广播有关内容以提高旅客的安全意识。在有关与消防机构的合作方面,要求将车站结构、各类防火设备位置等与消防有关的信息提交给消防机关,并要定期和消防机构联合举行演习训练。

单元三 应急救援工作

一 应急救援基础工作

围绕应急预案,应建立应急救援组织体系,配备救援设备器材,组织开展救援培训与演习等工作。

应急救援指挥机构一般由企业和有关职能部门的负责人组成,明确事故(故障、突发事件)发生时应急救援的总指挥和现场指挥人。救援指挥机构下设负责日常工作的办公室和执行各项救援任务的小组,各级人员均应职责分明。完整的救援组织体系还应包括外援单位,因此需要配备负责内外协调和公共关系的人员。

配备救援设备器材,并确保它们经常处于技术良好状态,是成功进行救援必须具备的物质基础。在平时应有专人负责救援设备器材的保管、养护和维修。

组织救援培训与演习,其目的是使有关人员对救援知识和救援技术、应急预案内容做到应知应会。演习方式可以是模拟演习，也可以是现场演习；可以是单项演习，也可以是综合演习。直接执行救援任务的人员必须定期参加演习，通过演习熟悉救援步骤和方法，掌握救援设备器材使用，以及了解如何进行自我防护等。此外，通过救援演习，还能进一步检验应急预案的可行性，发现应急预案存在的问题，以便进一步完善应急预案。

二 应急救援现场应急处置案例分析

地铁在运营期间可能发生的灾害分为自然灾害和人为灾害两类。从世界地铁多年的历史教训来看，地铁灾害中发生频率最高、造成损失最大的是火灾事故。下面详细介绍地铁火灾事故的救援措施。

历史上影响较大的地铁火灾事例有：1991年德国柏林发生的地铁火灾，18人送医院急救；2003年1月英国伦敦发生地铁列车撞站台引起大火事故，造成至少32人受伤；2003年2月韩国大邱地铁人为纵火事故，造成198名乘客死亡、147人受伤等。

1. 地铁火灾的特点

由于相对封闭的环境特点，地铁中发生火灾比地面建筑物中发生火灾更具有危险性。地铁火灾的主要特点有：

（1）人员心理恐慌程度大，行动混乱程度高。

地铁区间隧道出入口少、通道狭窄、疏散距离长、人员多，因此造成的人员恐慌和行动混乱程度比在地面建筑物中严重得多，易发生挤踩事故。

（2）浓烟疏散难度大。

地铁内部封闭的环境使物质不易充分燃烧，火灾时可燃物的发烟量很大，而地铁的进排风只靠少量的风口，机械通风系统发生故障时很难依靠自然通风补救，烟雾的控制和排除都比较复杂。浓烟积聚不散，对人员逃生和火灾扑救都带来很大的障碍。

（3）温度上升快。

由于地铁车站是一个相对封闭的空间，发生火灾后，大量的热量积聚无法散去，空间温度升高很快。高温时会造成气流方向的变化，对逃生人员影响较大。

（4）人员疏散难度大。

人员从地铁内部到地面开阔空间的疏散有一个垂直上行的过程，因人员数量多、行动缺乏一致性，从而影响疏散速度。同时，自下而上的疏散路线与内部烟和热气流自然流动的方向一致，所以人员的疏散必须在烟和热气流的扩散速度超过步行速度之前完成。这一时间较短，难以控制，人员的疏散较为困难。

（5）扑救难度大。

由于地下空间限制，加上浓烟、高温、缺氧、视线不清、通信中断等原因，救援人员很难了解现场情况，且大型的灭火设备无法进入现场，救人、灭火困难大。

2. 地铁火灾救援

地铁发生火灾，首要的问题是保证人员安全撤离。在救援方面应从以下几个方面考虑：

（1）突发火灾时的人员疏散。

发生火灾时，人员会因一氧化碳中毒、缺氧窒息、火烧或高温烘烤，以及建筑物倒塌而产生伤亡。安全疏散的目的是要在火灾对人员构成危害之前，将人员安全疏散。允许疏散的时间取决于火灾强度、烟雾浓度和对人体的危害、防排烟设施及建筑物的耐火能力等因素。据测试，人们在地铁火灾事故中如果不能在 6min 内迅速有效地逃生，就很难有生还可能。根据地铁发生火灾地点不同，可将火灾划分为列车在区间隧道内发生的火灾、列车在车站发生的火灾和车站内本身发生的火灾三大类。

①列车在区间隧道内发生火灾的安全疏散。

列车在区间隧道内发生火灾时，应尽量驶入前方车站，利用前方车站来疏散乘客。如果列车不能驶入前方车站，停在区间隧道，必须紧急疏散乘客。列车头部着火时，司机应组织乘客迅速从车尾下车后步行至后方的车站。运行控制中心（OCC）应开启隧道通风系统紧急模式，向列车行车方向送风，使烟雾远离乘客，如图 6-3 所示。

图 6-3　列车头部着火且停在区间任意位置

列车车尾着火时，司机应组织乘客从车头迅速下车后步行至前方车站，OCC 应开启隧道通风系统紧急模式，向列车后退方向送风，如图 6-4 所示。

图 6-4　列车尾部着火且停在区间任意位置

列车中部着火且停在近前方车站时，司机应组织乘客从两端下车后分别步行至前后方车站，OCC 应开启隧道通风系统紧急模式，向列车行车方向送风，使烟雾远离尾部乘客，而列车头部乘客因距离前方站较近，不会受到烟雾伤害，如图 6-5 所示。

图 6-5　列车中部着火且停在近前方车站

列车中部着火且停在近后方车站时，司机应组织乘客向两端疏散，OCC 应开启隧道通风系统紧急模式，向列车后退方向送风，使烟雾远离头部乘客，而列车尾部乘客因距离后方站较近，不会受到烟雾伤害，如图 6-6 所示。

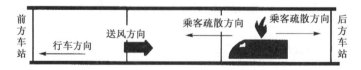

图 6-6　列车中部着火且停在近后方车站

列车中部着火且停在区间中部，司机应组织乘客向两端疏散，OCC 应开启隧道通风系统紧急模式，向列车前进方向送风，使烟雾远离尾部乘客，如图6-7所示。

图 6-7 列车中部着火且停在区间中部

此时，本区间的列车运行立即中止，另一条隧道也应立即停止正常的行车。处理程序如图6-8所示。

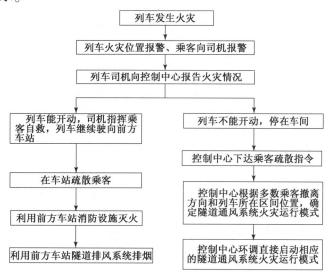

图 6-8 列车在区间隧道发生火灾的处理程序

②列车在车站发生火灾的安全疏散。

如果列车在车站发生火灾，应该立即执行火灾紧急疏散计划，停止线路其他列车开行和其他乘客进入火场，并利用车站楼梯、出入口疏散乘客。

列车在站台失火（火势可控）
车站事故处理

列车在站台失火（火势可控）
车站疏散及恢复运营

③车站内本身发生火灾的安全疏散。

车站内火灾分为站台火灾和站厅火灾，火灾时应立即采取紧急措施，第一时间安全疏散乘客，同时停止车站空调系统，将地铁站的普通通风空调模式改为火灾情况下的通风模式。其疏散程序见表6-1和表6-2。

站台火灾紧急疏散程序　　　　　　　　　　　表6-1

职　责	值班站长	行车服务员	客运服务员	站台服务员	站厅服务员	售票员	其他人员
1. 发现火灾，向值班站长报告，并试图灭火		√	√	√			√

续上表

职　责	值班站长	行车服务员	客运服务员	站台服务员	站厅服务员	售票员	其他人员
2. 报告控制中心，要求停止本站列车服务，并请求支援	√						
3. 宣布执行火灾紧急疏散计划	√						
4. 指示环控操作人员执行灭火排烟模式		√					
5. 关掉广告灯箱电源		√	√				
6. 担任事故处理责任人，指挥疏散和灭火	√						
7. 向控制中心报告火灾情况		√					
8. 关停扶梯，设置闸机为自由释放状态		√					
9. 指引乘客疏散出站		√	√	√	√		√
10. 拦截乘客进站					√	√	
11. 引导消防员到火灾现场	√			√			

注：所有员工在完成疏散工作后，参加灭火。

站厅火灾紧急疏散程序　　　　表6-2

职　责	值班站长	行车服务员	客运服务员	站台服务员	站厅服务员	售票员	其他人员
1. 发现火灾，向值班站长报告，并试图灭火		√	√				√
2. 报告控制中心，要求停止本站列车服务，并请求支援	√						
3. 宣布执行火灾紧急疏散计划	√						
4. 指示环控操作人员执行灭火排烟模式		√					
5. 关掉广告灯箱电源		√	√				
6. 担任事故处理主任，指挥疏散和灭火	√						
7. 向控制中心报告火灾情况		√					
8. 关停扶梯，设置闸机为自由释放状态		√	√		√		√
9. 指引乘客疏散出站			√		√		√
10. 拦截乘客进站			√		√	√	
11. 引导消防员到火灾现场	√				√		

地铁站发生火灾的情况类似于地下建筑物发生火灾，因此，地铁相应设施的防火措施和车站站台、站厅紧急疏散程序的制定可以参考我国现行的相关防火疏散用规范。不过，地铁站人员高度集中，出入口少，制定疏散程序时主要应考虑以下几方面：

a. 将火灾报警、疏散乘客等措施的实施与地铁及地铁站工作人员的职责结合起来，明确责任，提高救援效率。

b. 宣布火灾紧急疏散计划，及时报告控制中心。

c. 关掉非疏散指引所需的广告灯箱等的电源，启动火灾情况下的通风系统模式。

（2）救援队伍的组织。

救援人员从结构上可分为司机、车站工作人员、专业救援人员 3 个层次。应加强对前两个层次救援人员的应急培训，这对火情的控制和人员的疏散能起到很大作用。不能单纯等待和依靠专业力量来进行人员救援和火灾扑灭工作。

单元四 应急处理程序

为提高城市轨道交通运营过程中遇到突发大客流、乘客发生纠纷打架、列车故障等情况时的站台或区间乘客疏散速度，提高发生列车正线挤岔/脱轨、大面积停电、车站水浸、车站/列车火灾等突发事件、事故时的应急处理能力，明确各相关岗位的职责及处置程序，各城市轨道交通运营企业均编制了相应的应急处理规定。

以下简单列举某地铁各岗位员工在处理突发事件、事故时的应急处理程序。

一 火灾的应急处理

1. 列车在区间发生火灾的应急处理程序

列车在区间发生火灾的应急处理程序见表 6-3。

列车在区间发生火灾的应急处理程序　　　　　　表 6-3

职　位	应急处理程序
行车值班员	（1）接到列车停在区间发生火灾的通报后，报值班站长，通知站台安全员马上将相应端的站台门、端门设为敞开状态。 （2）报 119、属地公安部门、120。 （3）接到停运的通知后，报值班站长，接到广播宣布执行列车区间火灾应急处理程序的命令后，广播宣布执行列车区间火灾应急处理程序，并反复广播引导乘客疏散。 （4）按压 AFC 紧急按钮，将闸机设为紧急模式，关闭广告照明，确认相应的火灾模式已启动。 （5）接到进行区间疏散的通知后，立即通知值班站长；接到广播通知执行区间乘客疏散应急处理程序的命令后，广播通知执行区间乘客疏散应急处理程序。 （6）及时将乘客疏散和灭火情况报告行车调度员，并与行车调度员、值班站长保持联系
值班站长	（1）接到停运的通知，命令行车值班员广播宣布执行列车区间火灾应急处理程序，临时担任现场处置机构指挥；接到进行区间疏散的通知后，命令行车值班员广播通知执行区间乘客疏散应急处理程序，立即通知站厅巡员到达站台疏散乘客，带齐事故处理物品同站台安全员、客运值班员进入区间引导疏散乘客。

续上表

职　位	应急处理程序
值班站长	（2）与司机取得联系，组织乘客向车站疏散，用灭火器或隧道消防栓灭火，与司机很好地沟通和合作。 （3）对列车上乘客疏散情况进行确认，确保所有乘客撤离，并将现场情况及时通报行车值班员。 （4）消防队员到火场后，将灭火工作交给消防队员；或火势失去控制时，命令现场员工疏散到车站。 （5）确认乘客从车站全部疏散后，到车控室指挥处理。 （6）安排人员在出口拦截乘客进站
站台安全员	（1）接到列车发生火灾停在区间的通报后，立即打开事故一侧的端墙门，穿上荧光衣，戴好防毒面具。 （2）和值班站长到现场疏散列车上的乘客，并进行灭火。 （3）与值班站长保持联系，并听从值班站长的安排。 （4）向车站撤离时，确保乘客完全疏散。 （5）在打开的端门处立岗，及时传递信息
客运值班员	（1）接到执行火灾应急处理程序的通知后，赶到车控室，确认所有闸机已设为紧急模式，相应的通风排烟模式开启，广告照明已关闭。 （2）完成（1）后，拿对讲机、手提广播到站台指挥组织乘客疏散。 （3）确认列车、站台乘客疏散完后，报车控室。 （4）到车控室协助行车值班员
厅巡员	（1）接到列车发生火灾停在区间的通报后，关停站台至站厅层的扶梯，穿荧光衣，到站台疏散乘客。 （2）指引乘客向站厅疏散，确认疏散情况和乘客受伤情况，并将信息及时报告车控室。 （3）指引消防队进入火场。 （4）待站台安全员回站台后，回站厅负责站厅的工作
售检票员	（1）接到列车停在区间发生火灾的通报后，收好钱和票，关闭票亭电源，打开通道门、闸门，并关停出入口扶梯，组织站厅乘客疏散。 （2）确认乘客疏散完后报车控室。 （3）负责站厅的工作
保安	（1）接到执行火灾应急处理程序的通知后，到车控室拿告示，到出入口进行张贴。 （2）等候消防队到来后，引导其到现场灭火

注：当明确了解到（行车调度通知等）是一端疏散时，疏散端的车站应立即安排人员进入隧道接应疏散，而另一端的车站不应派人进入该区间。

2. 隧道火灾应急处理程序

隧道火灾应急处理程序见表6-4。

隧道火灾应急处理程序　　　　　　　　表6-4

职　位	应急处理程序
行车值班员	（1）接到隧道发生火灾的通报后，报值班站长，通知站台安全员赶到站台将相应端的站台门、端门设为敞开状态，通知客运值班员到车控室。 （2）报119、属地公安部门、120。

续上表

职 位	应急处理程序
行车值班员	（3）接到行车调度发布停运的命令后，报值班站长；接到值班站长广播宣布执行隧道火灾车站停运应急处理程序的命令后，广播宣布执行隧道火灾应急处理程序，并反复广播引导乘客疏散出站。 （4）按压 AFC 紧急按钮，将闸机设为紧急模式，关闭广告照明，确认相应的火灾模式已启动。 （5）接到行车调度区间疏散的命令后，通知值班站长；接到值班站长广播宣布执行区间疏散应急处理程序的命令后，广播宣布执行区间疏散应急处理程序。 （6）及时将乘客疏散情况报告行车调度员，并与行车调度员、值班站长保持联系
值班站长	（1）接到隧道发生火灾的报告后，临时担任现场处置机构指挥，立即通知厅巡员到达站台疏散乘客，带齐事故处理物品，做好进入区间疏散的准备。 （2）接到停运的通知后，通知行车值班员广播宣布执行隧道火灾车站停运应急处理程序，组织疏散站台乘客。 （3）接到执行区间疏散的通知后，通知行车值班员广播宣布执行区间疏散应急处理程序，立即和客运值班员、站台安全员进入区间疏散。 （4）与司机取得联系，组织列车乘客向车站疏散，用灭火器或隧道消防栓灭火（用水灭火前须确认接触网已停电）。 （5）消防队员到火场后，将灭火工作交给消防队员；或火势失去控制时，命令现场员工疏散到车站。 （6）确认乘客从车站全部疏散后，到车控室指挥处理。 （7）安排人员在入口拦截乘客进站
站台安全员	（1）接到指令后立即赶到站台打开事故一侧的端门，穿上荧光衣，戴好防毒面具。 （2）和值班站长到现场疏散乘客。 （3）确认列车上乘客疏散完后，跟随最后一名乘客疏散到站台，并确认无乘客遗留在区间。 （4）协助客运值班员将全部乘客疏散出站后，关闭各出入口
客运值班员	（1）接到通知后，立即赶到车控室，协助行车值班员。 （2）进行疏散时，拿对讲机、手提广播到站厅指挥组织乘客疏散。 （3）接到进行区间疏散的通知后，立即和值班站长进入区间疏散乘客。 （4）疏散完列车上乘客后，进行灭火。 （5）火灾不可控制时，与值班站长撤退回站。 （6）巡视并确认各出口的应急处理情况
厅巡员	（1）穿荧光衣，关停站台电扶梯，到站台疏散乘客。 （2）指引站台乘客向站厅疏散，确认疏散情况和乘客受伤情况，并将信息及时报告车控室。 （3）在端门处负责接应区间疏散的乘客，并指引疏散出站。 （4）指引消防队进入火场。 （5）待站台安全员回站厅后，回站厅负责站厅的工作
售检票员	（1）收好票款和车票，锁好票亭门并关停出入口扶梯，组织站厅乘客疏散。 （2）确认乘客疏散完后报车控室。 （3）负责站厅的工作
保安	（1）接到执行火灾应急处理程序的通知后，到车控室拿告示，到出入口张贴。 （2）等候消防队到来后，引导其到现场灭火

二 发现可疑物品的处理程序

1. 可疑物品简要辨别方法

(1) 通过观察,发现有危险标识或通过常识判断有危险(如有"三品"标识的)。

(2) 通过听觉,发现有异常响声(如计时器响声)。

(3) 通过嗅觉,发现有异常气味(如刺激性气味)。

2. 发现乘客携带(可能为)危险品的处理

(1) 车站应对乘客进行安全检查,要求乘客解释物品的种类、性质等,并请其打开展示。

(2) 乘客拒绝解释或打开展示其携带了危险物品进站乘车的,劝其出站;不听从劝阻的,不得放其进站乘车,并立即报送公安部门处理。

(3) 查明乘客携带危险品进站乘车的,立即责令其出站,并移送公安部门处理。

(4) 司机发现乘客可能携带危险品时,立即通知车站人员处理;车站人员应立即请其下车接受安全检查。

(5) 非车站工作人员发现乘客可能携带危险物品进站乘车的,应立即通知车站人员或报行车调度。

3. 在车站发现可疑物品的应急处理程序

在车站发现可疑物品的应急处理程序见表6-5。

在车站发现可疑物品的应急处理程序   表6-5

职 位	应急处理程序
现场员工	(1) 询问周围乘客,确认是否是附近乘客遗失物。 (2) 配合值班站长用隔离带隔离现场,持对讲机、手提广播疏散附近的乘客。 (3) 做好乘客安抚工作
行车值班员	(1) 接到发现无人看管物品的信息后,反复播放失物启事,寻找失主。 (2) 判断为可疑物时,报告行车调度员、公安。 (3) 通知站内各岗位的员工,控制进站的客流。 (4) 进行封站时,做好乘客广播工作,指引乘客疏散。 (5) 接到值班站长恢复正常的通知后,报行车调度员,通知各岗位
值班站长	(1) 持对讲机赶到现场,判断为可疑物时,组织人员隔离现场,疏散附近的乘客。 (2) 与公安做好沟通,加强与行车调度员、车控室的信息反馈。 (3) 做好封站清客的准备工作;需要时,按公安要求清客封站,在出入口张贴服务告示,配合公安处理。 (4) 公安处理完毕,共同确认可恢复正常运营后,组织恢复。 (5) 通知车控室,组织车站恢复运营
客运值班员	(1) 接到信息后,马上到现场协助值班站长疏散围观乘客。 (2) 到站厅指导车站的客运组织工作

三 车站电梯事故应急处理程序

车站电梯事故应急处理程序见表6-6。

车站电梯事故应急处理程序　　　　表6-6

职位	电梯类型	应急处理程序
现场（或首先赶到的）员工	自动扶梯	（1）现场发现或接收到扶梯发生人员伤亡事故的信息后，立即到现场处理。 （2）大声通知乘客"紧急停止，请抓住扶手"后，按下紧急停止按钮。 （3）请现场的其他乘客协助救助当事人，将当事人平抬出扶梯，并挽留至少两名目击者作证人。 （4）报告车控室。 （5）将目击证人移交给客运值班员处理。 （6）协助值班站长处理
现场（或首先赶到的）员工	垂直电梯	（1）当车站员工使用中发生事故时，应保持镇定，安抚好乘客，及时利用警铃、对讲设备等报警。 （2）发现垂直电梯发生安全事故时，应立即到梯前确认，采取喊话、拍打的方式确认梯内是否有乘客（人数、有无受伤等），安抚乘客保持镇定，禁止擅自采取行动。 （3）报告车控室。 （4）严禁跳出轿厢。 （5）等候专业人员救助
行车值班员	自动扶梯	（1）通知值班站长、客运值班员到现场处理，安排人员到现场维持秩序，封锁现场。 （2）报行车调度员、设备维修调度员、属地公安部门、120（视现场情况定）。 （3）暂停扶梯的使用，并做好防护，未得到事故处理负责人的允许，严禁任何人动用该扶梯
行车值班员	垂直电梯	（1）立即通知值班站长、客运值班员到现场处理。 （2）报告维修调度员、行车调度员、属地公安部门、120（根据现场情况）。 （3）安排人员做好现场防护，禁止操作该梯，等候专业人员的救助。 （4）保持与现场的联系
值班站长	自动扶梯	（1）负责现场事故的处理，协调各岗位工作。 （2）确认当事人的伤势情况，进行紧急救助（简单的包扎等），用担架送到出口外等候救护车。 （3）组织进行物证、人证的取证工作
值班站长	垂直电梯	（1）到现场处理。 （2）安抚电梯内的乘客，防止乘客自行救助，以免事态扩大。 （3）协助专业人员进行救助。 （4）当事人被解救出后，对伤者进行救助；当事人没有受伤时，带到会议室进行调查。 （5）严禁跳出轿厢。 （6）只能由专业人员操作垂直电梯进行救助
客运值班员	自动扶梯	（1）到现场负责专项跟进目击证人工作，并将目击证人带到会议室书写目击经过。 （2）必须请目击证人写下个人的真实资料并保管好。 （3）需要时移交给公安部门处理
客运值班员	垂直电梯	（1）协助值班站长工作。 （2）维持好现场秩序

模块学习任务

能够掌握城市轨道交通运营企业应急救援预案和应急救援工作的基本内容。

根据以上理论知识的学习，结合各种类型的应急救援情境，模拟各种应急救援情境，模拟演练应急救援的具体方法。

拓展与提高

进一步收集城市轨道交通应急救援的实例，了解并掌握当地城市轨道交通运营企业应急救援体系的具体内容、实际方法。运用所学知识深入理解应急救援在城市轨道交通运营中的重要性，及时做好城市轨道交通运营应急救援工作的重要意义。

实践训练

组织学生在当地城市轨道交通车站、车辆段参观学习，聘请企业应急救援方面的专家现场讲解，使学生了解实际工作中的应急救援的具体方法。

思考题

1. 给城市轨道交通的应急救援预案下定义。
2. 陈述城市轨道交通应急救援预案的基本结构。
3. 简要说明城市轨道交通应急救援体系建设的主要内容。

模块七

城市轨道交通系统运营经济效果分析

知识提要

(1) 运营指标体系；
(2) 运营成本分析；
(3) 地铁票价的制定；
(4) 国内外城市轨道交通系统运营财务状况分析。

模块任务

(1) 掌握运营指标体系的基本内容；
(2) 掌握运营成本的基本构成；
(3) 了解运营支出的基本构成；
(4) 了解不同的地铁票价定价思路；
(5) 了解目前世界不同城市和地区城市轨道交通系统运营的财务状况。

模块准备

不同城市轨道交通运营企业的运营评价指标体系，运营指标的报表，不同城市轨道交通运营企业的财务报表资料，国外城市轨道交通运营企业的财务资料，不同城市的轨道交通票价资料、定价标准。

理论知识

单元一 运营指标体系

城市轨道交通在减轻地面交通压力、疏散城市中心人口、改善城市环境等方面起着显著的积极作用，同时也存在初始投资规模大、经营成本高、投资回收期长等问题。财务效益差是城市轨道交通自身的特点。

我国城市轨道交通也不可避免地反映出这样的问题。目前在建的大部分项目较多地依靠银行借贷资金。在这种投资模式下，项目财务效益差是必然的，靠项目自身收益很难承担融资、还贷责任，因此城市政府必须给予补贴并承担还贷责任。

城市轨道交通系统运营工作的数量和质量要用运营指标来评价,这些指标在一定程度上反映了客运任务的完成情况、工作质量、效率和效益。城市轨道交通系统运营指标体系大体上可以分为数量指标和质量指标。数量指标标志着工作的数量,主要包括客运量、平均乘距、客运周转量、客运密度、运营里程、断面客流量等。质量指标标志着客运工作和车辆运用的质量,主要包括速度指标、客车运用指标。另外,还有安全指标、列车正点指标、方便性指标、舒适性指标及经济指标等。

一、数量指标

1. 客运量

客运量 Q(单位:人)指在一定时期(日、旬、月、年)内运送的全部乘客人数。

2. 平均乘距

平均乘距 $s_{均}$(单位:km)指每位乘客的平均乘车距离。

3. 客运周转量

客运周转量 $Q_{周}$ 指在一定时期(单位为日、旬、月或年)内完成的乘客人公里数。

$$Q_{周} = Q \cdot s_{均} \tag{7-1}$$

式中:$Q_{周}$——客运周转量,人·km;
　　　Q——客运量,人;
　　　$s_{均}$——平均乘距,km。

4. 客运密度

客运密度 σ 指在一定时期内平均每千米运营线路所承担的客运周转量。

$$\sigma = \frac{Q_{周}}{s_{总}} \tag{7-2}$$

式中:σ——客运密度,人·km/km;
　　　$Q_{周}$——客运周转量,人·km;
　　　$s_{总}$——运营线路总长,km。

5. 运营里程

运营里程 $s_{运}$ 指为运送乘客在运营线路上车辆行驶的里程,其中包含运行图图定的车辆空驶里程和由于某种原因产生的车辆空驶里程。

$$s_{运} = n \cdot m \cdot s_{列运} \tag{7-3}$$

式中:$s_{运}$——运营里程,km;
　　　n——列车数,列;
　　　m——列车编组辆数,辆;
　　　$s_{列运}$——列车运行距离,km。

6. 断面客流量

断面客流量指单位时间沿同一方向通过运营线路某一断面的乘客数。常用的有高峰小时最大断面客流量和全日分时最大断面客流量。

二 质量指标

1. 速度指标

1）技术速度

技术速度 $v_{技}$ 指不包含停站时间在内的列车在站间平均运行的速度。

$$v_{技} = \frac{\sum nL}{\sum nt - \sum nt_{停站}} \tag{7-4}$$

式中：$v_{技}$——技术速度，km/h；

L——单列列车运行公里数，km；

t——单列列车旅行总时间，h；

$t_{停站}$——单列列车在中间站停站时间之和，h。

2）旅行速度

旅行速度 $v_{旅}$ 指列车从始发站发出到抵达折返站时的平均运行速度。

$$v_{旅} = \frac{\sum nL}{\sum nt} \tag{7-5}$$

2. 客车运用指标

1）列车周转时间

列车周转时间 $\theta_{列}$ 指列车在运营线路上往返一次所消耗的全部时间。其包含列车在区间运行时间、列车在中间站停留时间，以及列车在折返站作业停留时间。

$$\theta_{列} = \sum t_{运} + \sum t_{站} + \sum t_{折停} \tag{7-6}$$

式中：$\theta_{列}$——列车周转时间，min；

$\sum t_{运}$——列车在运营线路上往返一次各区间运行时间之和，min；

$\sum t_{站}$——列车在运营线路上往返一次各中间站停站时间之和，min；

$\sum t_{折停}$——列车在折返站停留时间之和，min。

2）运用车辆数

运用车辆数 N（单位：辆、组）指为完成日常运输任务所必须配备的技术状态良好的可用车辆数量。

$$N = \frac{n_{高峰}\theta_{列}m}{60} \tag{7-7}$$

式中：N——运用车辆数，辆；

$n_{高峰}$——高峰小时开行的列车对数，对；

$\theta_{列}$——列车周转时间，min；

m——平均每列车编组辆数，辆。

式（9-7）也可写成

$$N = \frac{n_{高峰}\theta_{列}L}{60} \tag{7-8}$$

式中：L——每列车内动车组组数，组。

3）开行乘客列车数

各种编组的列车在运营线路上行驶一个单程，不论是全程运行还是小交路折返，开行乘客列车数均按一列计算。列车分别按全日、上行和下行开行列数计算。折返列车数按各折返站分别计算。

4）车辆平均日车公里

车辆平均日车公里 $s_日$ 指某一辆运营车在一日内平均走行的公里数。

3. 安全指标

1）行车事故数

列车在运营线路行驶过程中，由于有关人员工作差错、机械设备故障、外部因素影响等而造成人身伤亡、设备损坏或影响列车运行的均属于行车事故。

行车事故包括一方责任、双方责任和无责任事故，以"次"计算。

2）乘客伤亡事故件数和乘客伤亡人数

乘客伤亡事故件数（单位：件）和乘客伤亡人数（单位：人）指在一定时期内由于本单位责任事故造成乘客死亡和受伤的事故件数及人数。

3）乘客伤亡事故发生率

乘客伤亡事故发生率（%）指在一定时期内，每完成一亿人公里乘客周转量所发生的乘客伤亡事故件数。

4. 列车正点指标

1）列车始发正点率

列车始发正点率（%）指在一定时期内，正点发出的列车次数在发出列车总次数中所占的比重。

列车始发正点率是反映系统工作和服务水平的一个综合性指标。保证列车始发正点，是保证按图行车的关键。始发正点率越大越好。

2）列车运行正点率

列车运行正点率（%）指在一定时期内，正点到站的列车次数在到站列车总次数中所占的比重。

5. 方便性指标

1）列车开行间隔时间

列车开行间隔时间（单位：min）指运营线路上前后运行两列车的时间间隔。

开行间隔时间越短，乘客在站滞留时间越短。

2）乘客出行总时间

乘客出行总时间（单位：min）指乘客从始发地到达目的地花费的总时间。这是乘客选择某种交通工具时考虑的一个重要因素。

6. 舒适性指标

舒适性指标指乘客在旅行过程中，从精神到物质条件上享受心理和生理愉悦与舒适的程度，可通过以下指标衡量：

1）车站文明服务乘客满意率

车站文明服务乘客满意率（%）指感到满意的乘客人数占抽样调查乘客总人数的百分比。

2）车辆人均占有面积

车辆人均占有面积（单位：m²/人）指按标准座席乘客在列车上人均占有的基本面积。

3）乘坐舒适度

乘坐舒适度指乘客在乘坐列车过程中的舒适程度。为此，在设计时就必须考虑最小曲线半径、横向加速度临界值、外轨超高时间变化率、车体振动加速度和横向加速度、噪声频率等。

4）站车环境舒适度

站车环境舒适度是考虑舒适度时不可忽视的一个重要方面。要提高出行质量，必须有良好适宜的环境，环境参数必须符合国家标准。

7. 经济指标

1）客运收入

客运收入（单位：元）指运送乘客的全部收入金额。

2）运营成本

运营成本（单位：元）指城市轨道交通系统在日常运营生产过程中实际发生的与运营生产直接有关的所有费用支出。

单元二　运营成本分析

所谓成本分析，是指搜集与报表使用人进行经济决策有关的各项财务成本资料，并且对成本资料有重点、有针对性地加以分析与解释，从而对企业过去的财务状况、预算执行情况、成本对效益的影响程度和企业未来的发展前景进行评价的一种方法。通过报表分析和文字说明能及时掌握成本总预算执行进度，了解各部门各项目预算执行情况，及时掌握某项目超支原因和节约理由，并有针对性地采取措施，达到控制成本、提高效益的目的。

在运输总成本中，运营成本占一定比例，在基本折旧率和利率一定的条件下，基本折旧费和资金费用总额基本固定，因此需要进行运营成本分析。

一　运营成本

运营成本是运输总成本的一部分。

运输总成本是指运输企业为提供某种运输劳务所耗费的成本总额。

运输总成本由生产成本、管理费用、资金费用三部分构成，如图 7-1 所示。

运营成本是城市轨道交通企业在日常运营生产过程中实际发生的费用与运营生产直接有关的所有费用支出。其主要包括：

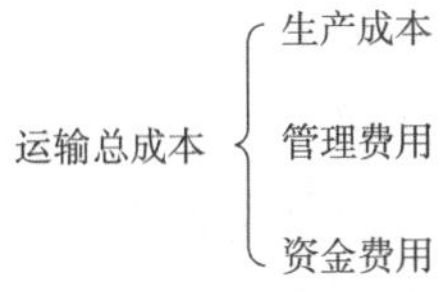

（1）企业直接从事运营生产活动人员的工资、奖金、津贴、补贴。

（2）按规定提取的职工福利费。

运输总成本 { 生产成本, 管理费用, 资金费用 }

图 7-1　运输总成本的构成

（3）生产经营过程中运用运输设备所消耗的材料、燃料、电力费用和其他费用。

(4) 生产经营过程中运输设备养护维修所耗费的材料、配件、燃料、电力、工具备品费用及其他费用。

(5) 运输生产用固定资产折旧费。

(6) 为了恢复和提高固定资产原有性能和生产能力，对固定资产进行周期性大修理的费用。

(7) 合理化建议及技术改进奖奖金。

(8) 运输生产经营过程中发生的季节性停工损失、修理期间的停工损失、事故净损失。

(9) 按照国家有关规定可以在成本中列支的其他费用，如生产部门的办公差旅费、劳动保护等支出。

$$C_{运} = C_{总} - C_{折} - C_{资} = C_{工资} + C_{动力} + C_{维} + C_{管} \tag{7-10}$$

式中：$C_{运}$——运营成本，元；

$C_{总}$——运输总成本，元；

$C_{折}$——基本折旧，元；

$C_{资}$——资金费用（贷款利息），元；

$C_{工资}$——工资，元，主要指运营人员工资，包括车站运营与服务人员，以及列车乘务人员的工资；

$C_{动力}$——动力消耗，元，主要指动车组动力消耗；

$C_{维}$——维修费，元，指车辆、动车组、线路、通信信号设备、电气化设备、房屋建筑等的维修费，主要包括材料费和维修人员工资；

$C_{管}$——管理费用，元，管理费用主要包括管理费及营业外支出等。

二 运营支出

城市轨道交通从保证运营角度，主要可分为三部分支出：基本运营支出、设备更新支出和车辆购置支出。

(1) 城市轨道交通的基本运营支出（不含财务费用和折旧）包括人工费、电费、维修费、营运费及管理费。其中，电费和人工费所占比例较大（占运营成本的一半以上）。目前，国内城市轨道交通的运营成本普遍偏高（一条线路年运营成本为2~3亿元）。

(2) 城市轨道交通运营到一定时期，有部分设施需要重新投入资金进行更新。一般地铁项目隧道部分和高架轨道的桥梁部分可沿用50年以上，这两部分设备的更新在短期内不需要新增投入，但轨道、机电设备、车体、车站以及信号、通信设备应在15年内逐步进行更新。预计在合理控制下，国内一条线路平均每年用于设备更新的费用支出可控制在5000万元以内。

(3) 随着城市轨道交通乘客数量的增加，运营者需要对车辆编组及对行车组织进行调整，以满足运量的需求。因此，城市轨道交通项目除了在项目建设过程中购入一定数量的车辆外，在运营中也需要根据客流的增长添置车辆。

三 运营成本组成

为了便于分析，将运营成本分为变动成本和固定成本两部分，如图7-2所示。

1. 变动成本

变动成本指运营成本中直接随运量变化而变化的费用支出，包括车辆的运营和维修费用等，主要与列车运行距离有关，几乎与运量成比例变化。

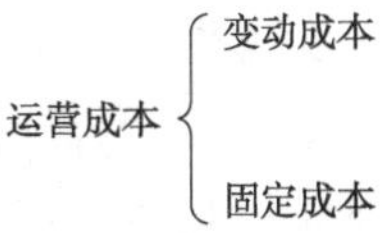

2. 固定成本

固定成本指运营成本中短期内不随运量变化而相对固定的费用支出，包括固定设备的维修费用和管理费，它与运量部分有关，但不随运量线性变化，在一定条件下可视为固定的。

图 7-2 运营成本组成

四 运营成本分析实例

某地铁财务部门 1~4 月按月编制成本分析表，见表 7-1~表 7-3。

月度运营成本分析表（一）（单位：万元）　　　表 7-1

项目	×月							
	实际数	预算数	实际数—预算数	实际数/预算数	实际数	上年同期	实际数—上年同期	实际数/上年同期
人工费	43.7	45	-1.3	97.1%	43.7	43.4	0.3	100.7%
养护费	11	13	-2	84.6%	11	11.2	-0.2	98.2%
电费	8	7	1	114.3%	8	8.5	-0.5	94.1%
……								
合计	100	105	-5	95.2%	100	107	-7	93.5%

月度运营成本分析表（二）（单位：万元）　　　表 7-2

项目	×月							
	累计数	预算数	累计数—预算数	累计数/预算数	累计数	上年同期	累计数—上年同期	累计数/上年同期
人工费	180	185	-5	97.3%	180	183	-3	98.4%
养护费	45	52	-7	86.5%	45	49	-4	91.8%
电费	31.6	30	1.6	105.3%	31.6	35	-3.4	90.3%
……								
合计	396	401	-5	98.8%	396	407	-11	97.3%

月度运营成本分析表（三）（单位：万元）　　　表 7-3

项目	实际				预算			实际合计	预算合计	实际合计—预算合计	实际合计/预算合计
	1月	2月	3月	4月	5月	……	11月	12月			
人工费	43.7							45	540	545	-5	99.1%
养护费	11							12	145	150	-5	96.7%
电费	8							8	108	102	6	105.9%
……												
合计	100							106	1108	1220	-12	90.8%

对表 7-1～表 7-3 进行分析可知：

（1）人工费用约占总成本的 44%，养护费用约占总成本的 11%，电费约占总成本的 8%，其他费用约占总成本的 37%。

（2）人工费用本月和累计分别占同期预算的 97.1% 和 97.3%，是去年同期的 100.7% 和 98.4%，实际预算合计占全年预算的 99.1%，可以看出该项费用是按预期进度支付，并比预算和去年同期略有节约；养护费用本月和累计分别占同期预算的 84.6% 和 86.5%，是去年同期的 98.2% 和 91.8%，实际预算合计占全年预算的 96.7%，可以看出该项费用是按预期进度支付，并比预算和去年同期有所节约；电费本月和累计分别超出同期预算的 14.3% 和 5.3%，但比去年又有所降低，分别是去年同期的 94.1% 和 90.3%，实际预算合计也超出全年预算 5.9%，可以看出该项费用基本按预期进度支付，超出预算，但比去年同期略有节约。

单元三　城市轨道交通票价的制定

以下以地铁票价的制定为例进行说明。

一　以成本为基础的定价方法

地铁的票价是地铁企业产品（人·km）的销售价格，它的高低直接影响企业的生存和发展。地铁票价是地铁运输服务价值的货币表现，价格的理论数值是客观存在的，是有规律可循的，但其价格的高低受服务市场因素的影响，因此制定地铁票价是个较为复杂的技术过程。另外，从不同的角度出发，可归纳出不同的定价方法，要使之趋于一致，得到各方面认同，需审时度势，左右权衡。

以成本为基础的定价方法适用范围较广，应用时间较长，被大多数行业、企业采用。它的核心是票价必须以成本为基础，在此基础上再加上平均利润。其基本计算公式为：

$$I_{运} = \left(\frac{C_{运}}{Q \cdot S_{均}} \right) \cdot (1 + i_{盈} + i_{税}) \tag{7-11}$$

式中：$I_{运}$——单位人次公里价格，元；

$C_{运}$——企业经营成本，元；

Q——总运量，人次；

$S_{均}$——平均乘距，km；

$i_{盈}$——社会平均盈利率；

$i_{税}$——应缴税费的综合税费率。

由式（7-11）可以看出，成本是运价的基础，在分析成本时应考虑固定成本与变动成本的比例、成本与运量的关系、近期成本与远期成本的关系等。应从实际发生成本中剔除不合理因素和偶然性因素。

这种方法基本上从企业市场盈利的角度出发，适用于产销平衡、计划性较强的情况，但对市场因素考虑不足，特别是供求关系趋于紧张、竞争激烈情况下，这种方法存在一定缺陷。

二　以市场供需为基础的定价方法

以市场供需为基础的定价方法基本不考虑运输成本的高低，主要着眼于市场取向，主张以大多数乘客在日常生活和接受地铁服务时认可或可承受的运输价格为主，强调车票的价格应在买卖双方交易过程中按市场原则自然形成。在定价过程中，主要考虑运输服务市场的供求数量关系及周边的各种比价关系。完全竞争市场模型如图 7-3 所示。

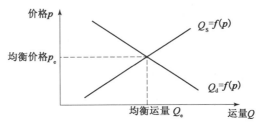

图 7-3　完全竞争市场模型

在图 7-3 中，$Q_d = f(p)$ 为需求方程，表示需求随价格下降而增加；$Q_s = f(p)$ 为供给方程，表示供给随价格增加而增加。

若在某区域内供需方程可表达为一次形式，即：

$$\begin{cases} Q_d = a_0 - a_1 p \\ Q_s = b_0 + b_1 p \end{cases} \quad (7\text{-}12)$$

解方程组可得到均衡价格和均衡运量为：

$$P_e = \frac{a_0 + b_0}{a_1 + b_1} \quad (7\text{-}13)$$

$$Q_e = \frac{a_0 b_1 - a_1 b_0}{a_1 + b_1} \quad (7\text{-}14)$$

式中：　　Q_d——需求量，人次；

　　　　　Q_s——供给量，人次；

　　　　　　p——价格，元；

a_0、a_1、b_0、b_1——常数；

　　　　　P_e——均衡价格，元；

　　　　　Q_e——均衡运量，人次。

三　基于社会综合效益的定价思路

基于社会综合效益的定价从理论上讲，应是站在全社会的高度，综合平衡各行各业的投入产出，最后谋求总体的综合效益指标。其中，不但有经济总产值，而且有社会协调健康发展、公共福利等社会效益。要达到这样的目标，政府通过财政职能配置一定社会资源，投向直接服务于市民生活的公共交通行业，用于改善市民的出行条件。地铁的服务价格是在政府调控下的折扣价格，其调控的出发点不是某些个人、企业或团体，而是立足于整个社会，追求全社会范围内最优的资源配置、最高的经济效益、公平的社会分配和良好的社会福利。其调控的程度要取决于政府财力，也要权衡企业与乘客双方利益。在西方经济学理论中已有现成的数学模型，如边际定价法、高峰定价法等，但其中真正能直接套用指导定价的很难找到，即便找到了，其中的宏观数据和有倾向性的系数也难以轻易确定。可用以下思路来趋近上述目标。

1. 票价应适应乘客合理消费结构和消费水平

用方程式形式可表示为：

$$B_{均} \cdot \beta = S_{均} \cdot C_{运价} \tag{7-15}$$

式中：$B_{均}$——地铁乘客群人均收入，元；

β——出行支出百分比；

$S_{均}$——平均运距，km；

$C_{运价}$——运价率，元/km。

2. 政府财政有足够的承受能力

用方程式形式可表示为：

$$B_{政}\beta_{地} + Q \cdot S_{均} \cdot C_{运价} = C_{运} + P_{企} \tag{7-16}$$

式中：$B_{政}$——政府财政收入，元；

$\beta_{地}$——用于地铁的百分比；

Q——地铁总运量，人次；

$S_{均}$——平均运距，km；

$C_{运价}$——运价率，元/km；

$C_{运}$——运输成本，元；

$P_{企}$——企业利润，元。

3. 地铁系统的运输能力得以充分发挥

用方程式形式可表示为：

$$E = Q \cdot a \tag{7-17}$$

式中：E——地铁运输能力，人次；

Q——地铁实际运量，人次；

a——合理安全系数。

单元四　国内外城市轨道交通系统运营财务状况分析

世界各国城市轨道交通运营管理的实践表明，绝大部分城市和线路都出现了营业亏损，需政府支持，予以财政补贴。由于城市轨道交通建设投资大，建设周期长，运营成本高，很难做到运营盈利并回收投资。目前在世界的各大城市轨道交通中，香港地铁能做到有较好的投资回报、首尔地铁的盈利能弥补投资、新加坡地铁和莫斯科地铁可以收支平衡外，绝大多数城市的地铁很难维持收支平衡。

由表7-4可见，大部分城市的地铁票务收入只是运营费用的50%左右，另有50%需政府补贴和商业补贴，其中经营状况很好的只有香港地铁和大阪地铁。

世界主要城市的地铁运营状况　　　　　　　　表7-4

国　家	城　市	车票收入（%）	其他商业性收入（%）	政府补贴（%）
墨西哥	墨西哥城	13.0	1.0	86.0
英国	格拉斯哥	33.5	1.0	63.5
瑞典	斯德哥尔摩	34.1	3.2	62.7
法国	巴黎	36.0	10.6	54.0
西班牙	巴塞罗那	44.0	4.0	52.0
西班牙	马德里	51.0	1.0	48.0
日本	札幌	43.0	9.5	47.5
日本	大阪	75.0	25.0	0
日本	东京	46.0	31.0	23.0
德国	汉堡	55.0	10.0	35.0
中国	香港	95.0	5.0	0

一　国外城市轨道交通系统经济状况

根据资料统计，世界范围内的城市轨道交通企业，仅有香港地铁和东京地铁盈利，且其盈利部分主要来自其他业务领域。能够盈利的地铁企业具备其自身特征，如人口密度极其稠密（香港15万人/km²），城市开发地带沿交通走廊，城市规划与交通规划满足服务于地铁系统等。这些条件与特征并不一定在其他城市都满足。

根据广州地铁1号线2000年运营补贴2503万元，2001年运营收入占运营支出的85%，运营补贴增加到3240万元，每人次运营补贴为0.51元。1994年美国在客运量下降10%的情况下，运营支出由138亿美元增加到242亿美元，增幅75.5%，运营补贴由91亿美元增加到180亿美元，增幅97.1%。1999年美国乘客票务收入82.82亿美元，仅覆盖运营成本的37.3%，运营补贴高达125.74亿美元，每人次运营补贴为1.36美元。

由此可见，当城市轨道交通系统规模过大时，这一补贴将更是城市经济难以承受的。或者说，建设城市轨道交通系统仅需要城市短期的融资能力，运营和维护城市轨道交通系统则是城市经济实力的真实体现。

因此，对城市轨道交通系统及敷设方式的选择，在充分考虑系统初期投资的同时，更应注重系统对运营费用的影响。

1. 巴黎

巴黎地铁日均客运量为450万人次，承载着整个城市公共交通客运量的56%，成为市民出行的主要交通工具。巴黎地铁的投资来源主要是政府直接投入和市政当局设立的特别交通税（始于1970年）。在巴黎，所有拥有9名以上职工的雇主（巴黎市政府认为雇主是公共交通最大的受益者）均要缴纳特别交通税，并与雇主的工资总额成比例扣收。此税收将专项用于城市交通设施的建设、维修以及支付融资成本。在项目建成后，由公交公司统一经营。由于巴黎地铁票价定位较低，票款收入与经营费用无法对冲。但巴黎的公交车盈利，公交公司与公交车的盈利补贴地铁的亏损，在此基础上实现财务的总体平衡。巴黎地铁项目的投资回收期一般定为30年左右。

巴黎地铁的特点是：政府设立专项建设资金（专款专用），以确保地铁的建设投资和债务的偿还；票价定位以吸引客流为主要目标；采取大公交混合经营，实现地铁经营的财务平衡。

2. 东京

东京地铁日均运量近700万人次，占公交运输总量的近70%。东京地铁的经营主体从资本所有者的角度可以分为3类：民间资本、民间资本与国家或地方公共团体的组合、国家或地方公共团体。日本地铁建设资金筹措途径主要有政府补助、利用者负担（地方补贴）、受益者负担、发行债券、贷款五大类，其中贷款又分为日本政府投资银行贷款（政策性贷款，一般不超过总投资的10%）、无息贷款和商业贷款（不超过总投资的20%）。地铁的经营由资产所有者决定，票价执行地区统一标准。为约束地铁企业的投资、经营、建设等行为，日本专门制定了铁路事业法和铁路抵押法，以保证投资及经营者的权益。东京地铁的经营虽然略有盈利，但不足以实现滚动发展。其投资回收期一般定为30年左右。

东京地铁的特点是：在中央、地方两级政府承担地铁大部分投资的同时，受益者负担也是建设资金筹措的重要手段之一；票价定位相对较低，并且票价标准相对稳定，客运总量大，因而运营企业依然可以凭借客票收入实现财务平衡（不含贷款本息的偿还）。

3. 美国

美国城市轨道交通投资及运营成本情况见表7-5。

美国城市轨道交通投资及运营成本情况　　　　　　　　　　　　表7-5

地　铁	成　本		
	运营成本（美元/km）	投资成本（美元/km）	投资成本与运营成本相比
亚特兰大	0.11	0.48	3.278
巴尔的摩	0.43	1.60	2.725
洛杉矶	1.63	7.18	3.392
迈阿密	0.25	0.77	2.024
华盛顿	0.22	0.63	1.914
平均	0.53	2.13	3.026

4. 新加坡

新加坡地铁主要运营数据及指标见表7-6。

新加坡地铁主要运营数据及指标　　　　　　　　　　　　表7-6

年度	1998年	1999年	2000年
年末线路长度（km）	83	83	83
全年乘客量（万人次）	33698	34635	36719
工作日平均乘客量（万人次）	95.5	98.7	104.2
全年客运工作量（百万人次·km）	4245.8	4408.7	4687.0
平均乘距（km）	12.6	12.7	12.8
运营车公里数（百万km）	73.5	73.5	74.1

续上表

年度	1998 年	1999 年	2000 年
每辆车平均载客量 [人次/(车·km)]	58	60	63
年末雇员人数（人）	2694	2805	2830
营业收入（万新元）	—	35278.8	36796.0
每名乘客的车费收入（新元）	0.97	0.94	0.92
每名乘客的运营成本（新元）	0.60	0.56	0.55
每名乘客的运营收入（新元）	0.45	0.46	0.44
每车公里的车费收入（新元）	4.44	4.43	4.54
每车公里的运营成本（新元）	2.77	2.65	2.72
每车公里的运营收入（新元）	2.06	2.14	2.19

二 国内城市轨道交通系统运营财务状况分析

1. 北京

北京作为国内最早建设、运营城市轨道交通的城市，有着较为丰富的城市轨道交通建设管理经验。但由于历史原因，北京的城市轨道交通投资、经营模式中带有很强的计划经济特征。

北京早期建设的地铁 1 号线西段（苹果园—复兴门）和环线地铁是由中央政府直接投资建设的，其他项目的投资来源主要由以下四部分组成：一是北京市财政投入；二是企业及地铁所在区的投入；三是国外政府贷款；四是国内银行贷款（以国家开发银行贷款为主）。北京市城市轨道交通项目的资本金比例维持在 40% 左右。北京市城市轨道交通一直沿袭在北京地铁运营有限公司统一领导下的建设、运营、维修三位一体的经营机制。

北京地铁日均载客超过 150 万人次，2001 年票款收入约 5.56 亿元。由于公司编制庞大，每年支出的人员工资、福利费和管理费用较高，财务状况不能自求平衡，需要市政府支付补贴费用。表 7-7 列出了 2001 年北京地铁主要运营指标。

北京地铁主要运营指标（2001 年） 表 7-7

项 目	运 营 指 标
年客运量	46871 万人次
年票款收入	5.56 亿元
年走行公里	4919 万车·km
运行图兑现率	99.96%
列车运行正点率	99.53%
列车编组和运行间隔	6 辆编组，3min 间隔
运输能力（定员/超员）	2.88/3.67 万人次/h
车辆和设备故障率	0.364 人次/（万 km）
列车救援	0.8 人次/（千万 km）

2. 上海

上海作为中国经济的龙头，在基础设施的运作中，一直强调资金的高效性和经营的市场化。在城市轨道交通建设经营中，上海依然遵循这种理念。

上海市在充分考察分析国内外轨道交通投资、经营实例的基础上，从1999年开始，在城市轨道交通运作中采取一套全新的商业化模式。其主要原则是将项目的投资、建设、运营和管理职能分配给不同的主体。就此组建上海申通集团有限公司（城市轨道交通投资公司）、上海地铁建设有限公司和两家运营公司（上海地铁运营有限公司和上海现代轻轨经营发展股份有限公司）。上海市政府除每年向城市轨道交通投资公司拨款20亿元外，只履行轨道交通宏观监管责任。申通集团有限公司以控股方的身份组建项目股份公司，并负责项目的融资。

在项目建成后，上海申通集团有限公司以招标的形式确定项目运营权的归属，并与中标公司明确运营目标。同时，上海申通集团有限公司负责组织盘活已形成的资产，筹集资金偿还建设期贷款。

上海城市轨道交通确定的票价与其经营目标紧密联系，实行经营成本反算制，定位较其他同类城市（北京、广州）要高。

上海轨道交通的特点是政府从单一项目中逐渐淡出，以定额补贴的方式向投资公司注入资金。此外只对城市轨道交通网络的规划、建设及运营方式提供宏观指导性意见，项目的投资、建设和经营完全采用商业化模式。除政府投入外，其余建设资金由投资公司负责募集（项目经过各区财政承担的拆迁投资）。项目建成后，由投资公司通过资本运作来偿还建设期负债。经营权由社会招标确认，并与经营者订立经营责任协议。运营公司将不负担对建设期负债本息的偿还，票价定位以经营目标为依据。

上海城市轨道交通投资与经营模式的优缺点分析如下。

1）优势

（1）提供投资主体的延伸，既降低了政府对城市轨道交通的干预，也减轻了轨道交通对政府财政资金的依赖。

（2）拓宽了融资的渠道（如上市融资、债券融资等）。

（3）激活了存量资产。

（4）控制了经营成本。

2）不利因素

（1）资本金比例较低，对投资公司筹集还款资金形成了巨大压力。

（2）上海申通集团有限公司在项目投资和运营中所处地位过于重要，一旦公司资金运转发生困难，将完全阻断上海模式的继续推进。

上海市经过城市轨道交通体制改革，确定了在单条线路上第一年补贴6000万元、第二年补贴3000万元、第三年实现运营平衡、第四年开始上缴利润的经营目标（运营公司不负担隧道折旧及财务费用）。经过一年多的实践，经营上海地铁1号线、2号线的上海地铁运营公司已经提前实现了初期目标。2001年底，该公司不但平衡了运营费用，还向申通集团有限公司上缴了1000多万元的利润。经营3号线的公司，在补贴总量上也低于经营协议上确定的金额。

3. 广州

广州地铁投资与经营模式借鉴了香港的经验。广州市城市轨道交通的投资由政府承担，为此广州市委下设了城市轨道交通筹资办公室（以下简称"筹资办"）。项目的建设及运营由广州地下铁道总公司负责。项目建成后筹资办负责债务的偿还。

城市轨道交通的建设和债务偿还的资金来源于广州市土地批租收入。广州市将全市土地集中管理，土地批租由市土地储备中心在政府指导下进行，并由公证部门监督批租过程，以确保行为的公开、公正和公平。批租收益将主要用于满足地铁需求，剩余资金在政府指导下用于其他基础设施建设项目。

广州地铁的经营采取包干的方式。政府出资建成项目后，将项目的经营权交于地铁公司，但不再对项目的运营进行补贴。地铁公司如果经营出现亏损，将以自身信用或经营权质押的方式到银行进行融资，政府对这部分债务不再承担责任。

广州地铁投资与经营模式的优缺点分析如下。

1）优势

（1）政府对轨道交通投资的资金来源稳定、充足，强化了金融机构对项目投资的信心，方便了项目融资。

（2）建设期负债由政府在土地收入中列支，降低了经营压力。

（3）通过运营包干制控制了经营成本。

（4）良好的票制和票价定位对客流产生较大的吸引力。

2）不利因素

（1）城市轨道交通建设开支在可支配财力中所占比例较高，将对政府近期的资金周转产生一定的影响。

（2）投资方式单一，影响了资金的使用效率。

广州地铁1号线从2000年通车以来，客运量快速增长，到2001年年底，日均客运量已超过25万人次。表7-8列出了2000年和2001年广州地铁运营情况。

广州地铁运营情况表　　　　表7-8

项　　目	2001年运营指标	比例（%）	2000年运营指标	比例（%）
年度经营收入（万元）	18646		19199	
经营支出（万元）	21886		21702	
其中：电费	7427	33.9	7438	34.27
材料费用	965	4.41	1194	5.50
委外维修费	622	2.84	692	3.19
税金	2220	10.14	2239	10.32
薪酬及相关支出	8001	36.56	7660	35.30
其他成本	2651	21.11	2479	11.42
总客运量（万人次）	6364		6441	
总运营里程（万车·km）	1112		997	
客车开行列次（列）	100003		901472	
收入/客运量（元/人次）	2.93		2.98	
支出/客运量（元/人次）	3.44		3.37	

2002年多种经营取得成效，运营补亏、折旧后的经营利润达到227万元，这是广州地铁1号线自1999年正式运营以来首次出现盈利，地铁多种经营获取的利润在地铁实现盈利过程中起了重要作用。

①多种经营利润大幅增长。

据广州地铁2002年度年报，2002年地铁经营收入（票务收入）为1.86亿元，与2001年持平，但在多种经营方面的利润大大超过2001年，达到6118万元，比2001年多1400余万元。在补贴性收入比2001年还减少1000万元的情况下，运营补亏、折旧后的经营利润出现盈余全靠多种经营获利。经营利润为1319万元。

②通信经营收入增幅最大。

地铁多种经营内容主要包括房地产、商贸、广告、通信、物业管理及其他。与2001年相比，2002年各项经营收入中，除房地产经营收入受整体市场供大于求影响而有所减少外，其余项目都在增长。其中，通信经营收入增幅最大，达到1354万元，比2001年增长553万元。商贸和广告收入也有大幅增长，分别达到1825万元和3451万元。

4. 香港

香港地铁的投资、建设及经营，均由香港地铁有限公司承担。政府在审批地铁规划时，将周边土地开发权交地铁有限公司。香港土地价格昂贵，而政府对土地拥有绝对的控制权。土地出让是通过公开竞拍的方式形成，并由监察部门监督拍卖过程，保证其公正、透明。因此，地铁有限公司通过地产交易筹集到的资金，可以在很大程度上补充地铁建设的需求（香港地铁公司2001年底的负债率约为30%）。香港地铁票价是按照平衡经营成本反算而来的（地铁公司有确定票价的自主权）。由于香港地域狭窄、城市空间发展余地有限，市区道路堵塞现象较为普遍，而地铁站点布置密集，又可以提供快捷、舒适的通勤服务，因此，虽然票价较高，但多数人还是形成了乘坐地铁的习惯。到2001年底，香港地铁日均客流量已达到250万人次。香港地铁的票款收入占地铁公司总收入的70%。香港地铁有限公司一直保持着良好的盈利水平（资产收益率达18%），并于2000年在香港联交所上市，开拓了一条新的融资渠道。香港地铁项目的投资回收期一般定为10~15年。

香港地铁的特点是发挥地铁资源（周边土地、票款收入等）在项目建设、经营过程中的作用，并对其实行集约化管理，通过资源整合，实现建设目标和经营目标。

香港地铁2001年日均载客量达250万人次，票款收入额为58亿港元，实现利润40亿港元。这对于当时仅有82km轨道交通的香港来说，其经营成果相当可观。香港地铁的成功向世人证明了城市轨道交通投资领域的价值，同时也为国内城市轨道交通建设提供了很好的参照。

香港地铁的每车公里总成本在1997年为43.4港元，新加坡地铁1994—1995年每车公里总成本为4.79新加坡元（折合人民币约27.8元），德国汉堡高架铁路公司1997年10月份为每车公里13.0德国马克（折合人民币约65.0元），日本东京地铁1996年每车公里为1247.6日元（折合人民币约72.4元），北京地铁1996年每车公里为20元左右。

较为粗略地说，香港地铁总成本中，员工酬薪及相关费用占40.5%，固定资产折旧费用占23.3%，能源及公共事业费用占8.8%，租金费用占1.5%，物料费占3.1%，维修保养费用占 11.2%，其他费用占 11.6%。又如，德国汉堡高架铁路公司 1997 年 10 月份每车公里总成本情况为：人工费用占 43.0%，固定资产折旧费用占 24.0%，能源费用占 7.0%，物料费占 5.0%，外购服务费用占 11.2%，其他费用占 1.0%。

从以上的分析比较可以看出，国内、国外的地铁项目大部分无盈利能力，政府是城市轨道交通规划、建设和运营的主要责任者，在运营管理方面采取市场化运作不失为良策，适时建立城市轨道交通发展基金将会促进城市轨道交通的良性发展。

模块学习任务

能够掌握城市轨道交通运营企业的评价指标体系和运营成本分析的基本内容。

根据以上理论知识的学习，结合不同城市的城市轨道交通运营资料，设定运营评价指标，进行简单运营效果评价；结合城市轨道交通实际运营的财务资料，进行简单的成本分析。

拓展与提高

进一步收集城市轨道交通企业的运营资料和数据，了解并掌握当地城市轨道交通运营企业的运营状况，运用所学知识深入理解并分析城市轨道交通运营企业的运营现状，为城市轨道交通运营企业将来的运营效果改善提供建议。

实践训练

组织学生上网查询城市轨道交通企业的运营数据、资料，学生自己设计案例，运用所学知识进行运营效果评价，运营成本分析。

思考题

1. 说明城市轨道交通评价指标体系的基本内容。
2. 陈述城市轨道交通企业的运营成本和运营支出的基本构成。
3. 简要说明城市轨道交通制定票价的几种主要思路。

模块八

城市轨道交通客户服务与营销策略

知识提要

(1) 基本概念;
(2) 城市客运市场细分;
(3) 营销策略与客户服务。

模块任务

(1) 掌握城市轨道交通市场营销的定义;
(2) 能够陈述城市轨道交通市场营销的目标;
(3) 能够陈述城市客运市场细分的含义及意义;
(4) 能够列举出至少一种营销策略与客户服务的内容。

模块准备

城市轨道交通运营企业的客户服务与营销策略的相关案例。

理论知识

单元一 基本概念

一 城市轨道交通市场营销的含义

城市轨道交通市场营销是指经由交易过程来满足人们对客运服务需求的一切活动。图 8-1 为静态城市轨道交通市场营销的含义,图 8-2 为动态城市轨道交通市场营销的含义。其中,乘客的需求可以概括为"安全、快速、舒适、经济"地到达目的地。乘客需求图如图 8-3 所示。

城市轨道交通的产品是服务产品,从营销的角度来定义,其概念是多层次的。

(1) 核心产品——乘客位移。乘客乘坐轨道交通是为了到达目的地,这是轨道交通的实际效用和益处。

(2) 附加产品——要满足乘客期望的更多需求,包括乘行前、乘行中和乘行后的服务，如在进入轨道交通站点前，站外导向标识的引导、购票便捷程度、出站指南、地面换乘等方面的延伸服务；还希望轨道交通沿线尽可能提供就业、教育、运动、休闲、娱乐等各类社会资源，提供一种新型生活方式。

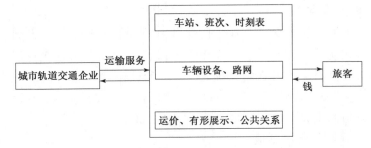

图 8-1　静态城市轨道交通市场营销

图 8-2　动态城市轨道交通市场营销

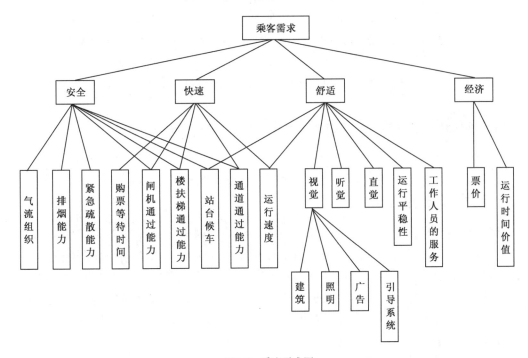

图 8-3　乘客需求图

城市轨道交通市场营销应围绕核心产品和附加产品这两方面展开营销策略，以期带给城市轨道交通运营企业良好的社会效益和经济效益。

城市轨道交通市场营销管理应细分各个客运市场，在目标市场内，创造、建立和维持轨道交通企业与被服务乘客间的互利方案，根据目标市场的需要及乘客欲望、知觉与偏好的分析，来设计运输服务产品，以期能提供有效的服务设计、定价、沟通的程序，不断满足乘客的各种延伸需求，提升运营企业的服务水平。

二　城市轨道交通市场营销的目标

城市轨道交通企业实行各种营销计划和活动，其最终目标可简单归纳为下列几点。

1. 吸引到最多的乘客

客流量越大，城市轨道交通企业越能充分发挥其服务资源，一方面实现了城市轨道交通企业服务大众的目的；另一方面也可以改善城市轨道交通企业的财务状况。香港地铁被誉为世界上最卓越的铁路系统之一，其经营理念中很重要的一条就是"争取乘客"。其在乘客服务方面从不满足于现状，积极地寻求改善途径，从而始终保持强劲的竞争能力，是目前世界上盈利最多的城市轨道交通运营企业。

2. 使消费者达到最大的满足

城市轨道交通市场营销的任务就是随着旅客的需求的改变，随时调整企业的服务组合，以满足旅客的需求。以香港地铁为例，处处可见的同站台换乘及独特的全天候、人性化行人连廊，使香港地铁历年被评为公众最满意的交通工具，真正成为广大市民生活的重要组成部分。

3. 提高人们的生活质量

城市轨道交通是大众交通方式，与人们的生活密切相关。所以，城市轨道交通企业如果能有效地提供符合人们需要的运输服务且广为旅客所接受，就能直接提高人们的生活质量。香港地铁在客运强度、安全、可靠、效率和效益等方面均保持世界领先的地位，真正做到了给予香港市民"多点时间、多点生活"的体验，并不断完善规划和设计，使车站社区成为备受市民欢迎的优良的便捷社区。

单元二　城市客运市场细分

一　市场细分的含义

城市轨道交通企业，因其受资源（人力、物力、财力）的限制及乘客的不同需求偏好，所以无法为其营运地区的所有市民提供服务。城市轨道交通企业若想提高其设备与资源的营运效益，最大限度地满足乘客的需要，则必须将市场加以细分，并对各细分市场的乘客特性加以分析，根据城市轨道交通的特点，选择最能有效提供服务的细分市场，作为企业的目标市场，同时更进一步根据目标市场的需求特征，发展或调整所提供的服务，从而使乘客的需求能获得最大的满足。

1. 市场细分的含义及细分变数

所谓市场细分，即将整个市场依某种特征分成不同的乘客群体，使之成为特定营销组合所针对的目标市场。

将一个市场加以细分，首先要找出一系列有关影响乘客需求的因素，通常称为细分变数。

2. 一般市场的细分变数及细分举例

一般市场的细分变数及细分举例见表8-1。

一般市场的细分变数及细分举例　　　　　表 8-1

细 分 变 数	主要细分举例
地理变数： 　区域 　服务地区大小 　密度 　气候 　旅行长度	市区、郊区 每平方公里人口数 干燥区、多雨区、多雪区等 市区内、市区—郊区
人口变数： 　年龄 　性别 　家庭人数 　家庭状况 　月收入 　职业 　教育 　私人运输工具	 5 岁及以下、6~11 岁、12~19 岁、20~34 岁、35~49 岁、50~64 岁、65 岁及以上 男、女 1~2、3~4、5 人以上 年轻单身、年轻已婚无小孩、其他 500 元以下、500~1000 元、1000~2000 元、2000~3000 元、3000~5000 元、7000 元以上 管理人员、高级职员、公务员、专业技术人员、一般职员、工人、农民、军人、学生、待业 小学以下或小学、中学、大学本科、研究生 自行车、摩托车、小汽车
心理变数： 　生活方式 　个性	 奢侈型、朴素型 合群型、孤僻型、霸道型、野心型
行为变数： 　追求利益 　使用状况	 经济、方便、快速、舒适 未使用者、过去使用者、潜在使用者、经常使用者

二　乘客行为模式

为了能有效地选取细分市场的变数，我们必须研究城市内乘客行为模式。根据消费者行为模式，可将城市内运输市场乘客的行为模式归纳如下（图 8-4）。

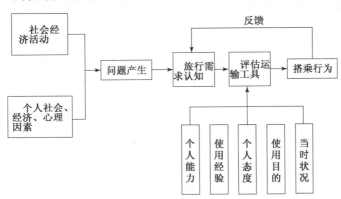

图 8-4　城市内运输市场乘客的简单行为模式

1. 问题产生

当乘客因有关社会经济活动或个人因素而产生出行问题时,乘客会采取某些行动(如开车去赴宴)或接受某些服务(如出租车或城市轨道交通)来解决其问题。

2. 旅行需求认识

当认识到有出行问题产生并经由大脑转化成对旅行需求的认识。

3. 评估运输工具

当产生旅行需求认识后,乘客便会将身边可用的运输工具依据以往的经验、个人对各种运输工具的态度和能力、使用的目的及当时的状态(如天气状况、时间充裕程度等)加以评估。

4. 搭乘行为

乘客将选择可接受替代方案中成本最小或效用最大的运输方式来使用。

5. 反馈

事后乘客再决定此行为是否能有效地解决自己的问题。若问题能够有效解决,乘客就会继续选择这种运输方式;反之,就会考虑其他运输方式。

单元三 营销策略与客户服务

一 乘客对城市轨道交通服务质量的要求

(1)可及性:指获得城市轨道交通运输的难易程度。主要依靠站牌设置及轨道交通班次提供的多少而定。

(2)速度(旅行时间):包括列车运行速度、步行时间、各种等候时间。

(3)舒适性:通常包括车厢整洁度、服务态度、行驶平稳度等。

(4)方便性:包括携物上车、不良天气转车、停站次数等。

(5)准时性:列车出发及到达的时间是否准时。

(6)安全性:行车安全及站车秩序。

(7)使用者成本:包括票价及乘客的旅行时间成本等因素。

二 产品策略与客户服务

城市轨道交通服务产品是指用以满足位移需要的全部服务,即乘客"到站、询问、购票、检票、候车、上车旅行、检票、离站或换乘"全过程所得到的服务。以下是乘客的位移需求及其对设施、服务的要求。

1. 到站

乘客搭乘地铁,首先需弄清附近地铁站的位置,然后通过出入口进入车站。

(1)乘客需求。

①车站位置合理;

②到地铁站的距离短;

③方便到达地铁站;

④地铁出入口容易找到；
⑤地铁引导系统指示明确。

(2) 设施需要。

①出入口设计以最大限度吸引客流为准则；
②出入口与公交车站换乘方便；
③地铁标志醒目，指示牌设置合理。

2. 询问

乘搭地铁的乘客可分为一般购票乘客，老人、学生等特殊乘客及残障人士。其中，购票乘客可分为熟悉城市轨道系统的乘客（如本地乘客）及不熟悉城市轨道系统的乘客（如购单程票的外地乘客等）。一般需询问的多为不熟悉城市轨道交通的乘客。

(1) 乘客需求：乘客希望容易找到询问处、询问交流界面简单。

①位置合理，乘客容易发现。
②引导指示明确，标志醒目。
③规模结合乘客特点。
④询问人流不干扰其他人流。

(2) 设施及服务要求。询问处设置服务窗口的多少、等候面积、形式需根据不同车站的乘客特点而设计，设计前需分析车站的乘客组合。服务人员要服饰整洁、热情周到、礼貌待客、服务规范。

3. 购票

进入车站付费区的乘客均需持有城市轨道交通车票。持单程票的乘客每次进入均需购票，持储值卡的乘客，当票值用完后需重新购买。

(1) 乘客需求：购票的乘客希望找零方便，购票容易，不需要等候过长时间。

①非付费区设有售票机、票务室。
②位置合理，在进站的流线上。
③引导指示明确，标志醒目。
④最好设有零钞兑换机。
⑤售票机、票务室数量合理，购票等候时间不长。

(2) 设施的设置。售票机、票务室设置的数量，所需的空间，需根据不同车站的乘客组成特点及乘客舒适的购票时限而设计，设计前需分析乘客组成特点。

4. 检票

乘客购票后，将所持车票送入闸机检票口，经检票无误后，闸机开放，让乘客通过闸机进入付费区。

(1) 乘客需求：方便找到闸机，并能快速通过。

(2) 乘客对设施的要求：

①位置醒目，指示明确。
②闸机的通过能力与客流量相匹配。

(3) 设施的设置。闸机的数目、进出的配置，需根据不同车站的乘客组成特点而设计。

5. 候车

乘客入闸后,进入付费区,到站台等候列车到达。

(1) 乘客需求:方便到达站台,舒适候车;清楚明了现在所处的位置、所需到达的目的地及需搭乘的列车。

(2) 乘客对设施的要求:

①站台空间宽阔,压抑感少。

②灯光照明配置合理。

③站台门透明,框架轻巧,观感好。

④噪声干扰小。

⑤广告位置合理,不干扰引导指示系统。

⑥引导指示系统醒目、清楚。

⑦空调气流舒适。

6. 列车旅行

(1) 乘客需求:方便上车,列车运行平稳,车内整洁舒适,了解列车停站的名称。

(2) 乘客对车辆的要求:

①车辆外部运行方向标示明显。

②车辆内要有路线图展示,并标示站名。

③车辆内要有城市轨道交通线网图及与该线路交叉的路线的运行时刻表。

④车辆上的管制标语(如"禁止吸烟"等)应该清楚标示。

⑤车辆符合运行标准,车内灯光配置合理,座位舒适。

⑥列车广播信息及时、准确。

7. 检票

乘客乘坐地铁到站后,下车持票到闸机检票出闸。乘客需求及设施设置要求同上车一致。

8. 补票

乘客到站检票,如出现丢失车票、车票损坏或补车资等情况,需到票务室办理补票。

(1) 乘客需求:容易找到,手续简单,等候时间短。

(2) 乘客对设施的要求:

①在付费区内设置。

②引导指示明确,容易找到。

③数量、规模根据补票乘客的特点设置。

(3) 设施的设置:一般下车乘客中需补票的乘客所占的比例相对较低,补票业务可由票务室兼顾,所以票务室一般设于非付费区与付费区之间。

9. 离站

乘客检票出站后,通过出入口到达室外。

(1) 乘客需求:

①方便出入。

②方便到达目的地。

(2) 乘客对设施的要求:

①车站在不同街区有出入口，出入口兼作过街隧道或天桥。
②出入口靠近公交车站。
③出入口设在人流主要活动区。

10. 换乘

换乘的乘客从一个车站到另一个车站，通过通道或楼梯、扶梯到达，亦可通过站厅换乘。

（1）乘客需求：
①换乘距离短、快捷。
②换乘方向明确。
③通道照明适度、环境舒适。
④地下通道通风组织良好。

（2）设置要求：
①换乘通道短、直接。
②引导指示清晰明了。

三　价格策略与客户服务

1. 轨道交通企业定价目标

（1）以低票价吸引乘客。
（2）采用能吸引新乘客的新措施。
（3）刺激乘客在非高峰期使用城市轨道交通系统。
（4）根据需要对某些乘客实行优惠票价。
（5）运输收入总体要能补偿运输生产费用，并能获取合理利润。

2. 价格表的种类和选择

根据国外的经验和资料，价格表的分类一般是以城市的结构和城市轨道交通路网的分布形状来确定的。

（1）与距离相关的价格表。

这种价格表适用于长距离运输，对于较高频率出入系统的乘客不太方便。如果这种方式用于城市轨道交通系统，将导致系统的设备和管理变得相当复杂。

（2）单一价格表。

适用于小范围的交通网络，乘客使用方便，运营企业的操作简单，但不能体现乘距与费用的关系，有一定的不合理性。

（3）区段相关的价格表。

对于运营企业和乘客来说，这种收费方式不算太复杂，也比较合理，特别适用于呈走廊形状的路网。但对于覆盖范围较大的交通路网，区段的划分有一定的难度，每个小区段之间关系的处理比较复杂，所需的票价级别也比较多。

（4）与时间相关的价格表。

适用范围比较广泛，可以同时用于不同性质的交通系统中，例如地铁和公交等。这种方式对乘客极为方便，乘客可以随意换乘各种不同的公交系统而不必单独购票。但由于不同公交系统所提供的服务水平和运营成本各不相同，这种方式很难体现合理的服务与价格之间的关系，对于高成本的运输系统是不利的。

（5）与区域相关的价格表。

适用于集中式的路网结构，并同时考虑了乘距与费用之间关系的合理性。

（6）区域、区段组合式价格表。

这种方式将区域与区段两种方式有机地组合起来，特别适用于放射型大城市的轨道交通路网结构，既能适应市中心区路网密度高、不利于区段划分的情况，又能满足城市外围路网分散、无法用区域划分的情况。

（7）短距和短时价格表。

该价格表用于短距离和短时间运输，必须与基本价格表结合使用，是基本价格表的一种补充。

（8）补充价格表。

用于一些特殊情况，例如开行特快列车、夜间列车等。

（9）换乘价格表。

一般与单一价格表结合使用。当乘客换乘其他线路的列车时，需支付一定的额外费用。

目前，国内一般采用区域、区段组合方式的价格表作为城市轨道交通路网的基本价格表。

3. 促销策略与客户服务

城市轨道交通企业除了提供必要的有关产品服务及价格策略外，还应积极进行促销，以提高服务水平和实现营销目标和任务。一般促销的方式包括广告促销、人员推广、销售促进和公共关系促销等。

1）广告促销

（1）广告的目的。

城市轨道交通企业做广告，有下列3个目的：

①把公众的注意力吸引到城市轨道交通系统上来。

②使公众知道搭乘城市轨道交通的好处及其服务品质。

③创造公众心目中城市轨道交通企业的良好形象。

吸引公众的注意力，可以靠一些主要的媒体来宣传；同时，车站及车辆的造型、颜色、公司的标志等都是吸引乘客注意力不可忽视之处。

在宣传城市轨道交通系统优点时，应针对乘客心理，有的放矢。

①省钱。搭乘城市轨道交通比驾驶小汽车上下班一年可以省下不少钱。

②省时。城市轨道交通具有速度快、不堵塞的特点，因此可节省旅行时间。

③舒适与方便。在车上能阅读报刊、听音乐等。

④较高的安全性和可靠性。比较其他运输方式的事故率及准点率，可以看出城市轨道交通系统具有较高的安全性和可靠性。

⑤激发公众的公德心。城市轨道交通系统具有节省能源、减少空气污染等优点，搭乘城市轨道交通有助于实现社会可持续发展目标。

（2）广告决策。

提出一广告计划时，决策者通常应考虑以下几点。

①预算。即广告费的预定支出。

拟订广告预算方法有量力支出法、销售百分比法和成本法。量力支出法是以城市轨道交通企业能力所及来拟定预算;销售百分比法是以公司销售额(或毛利)订出一百分比作为广告预算,如以毛利的15%为广告预算;成本法是以广告目标列出其任务,再估算欲完成任务的成本。

②信息。即广告所要表达的消息,让民众了解。

③媒体。一般常用媒体有报纸、电视、收音机、网络等。通常由眼睛能看到的媒体,较能达到塑造形象的目的;而只有声音的媒体就只能让大家知道有此系统而已。

④运作。整个广告在时间上应如何与各项媒体配合,以充分发挥其效果。

⑤衡量。用适当的方法评估广告所达成的效果。

(3)降低广告费的方法。

①与其他组织分摊,例如在运动会比赛上做广告。

②附带在其他产品上,如在啤酒罐上、城市地图或香烟盒上。

③在学校或其他组织的定期刊物上刊登。

2)人员推广

人员推广指城市轨道交通企业派营销专员针对某组织、特殊团体或特殊活动的需要,以自行介绍、游说、优待等方式争取服务机会的活动。

3)销售促进

销售促进指除了服务本身以外,增加对顾客表示友善或其他附带的服务,以促进建立企业的良好形象并使旅客接受城市轨道交通的服务。例如,车上提供茶水、报刊,或赠送纪念品等。

4)公共关系促销

公共关系促销的对象可分为一般大众、新闻界及政府机关。进行公共关系促销,最基本的方法是提供优质的服务。

(1)对一般大众。

保持车辆内外的整洁,保持车站出入口、车站的整洁等,为乘客提供非常整洁、宽敞、舒适的环境;工作人员要保持良好的服务态度;电话问询系统的设施和人员充足,以免旅客在需要问询时遭到拒绝;设置一个接受投诉的部门,并及时处理、答复所有投诉。服务发生故障时,应立即通知乘客并解释原因;另外,城市轨道交通企业必须积极参与公益活动,例如慈善事业,提供免费公益车厢广告等;参与社会特殊活动,例如运动会、商展、文明共建等。

(2)对新闻界。

城市轨道交通企业高层主管人员应与新闻界建立良好的关系,向新闻界提供准确的运营信息;公布重要新闻时,应举办记者招待会,先行通知新闻界相关事项;出现对公司不利的情况,不要偏袒过失,尽量将误会解释清楚或更正错误。

(3)对政府机关。

准备一份最新的信息表,列出与公司有密切关系部门的主要相关信息,将相关服务回赠给政府有关部门,提供企业的例行报告,报政府主管部门。关注对政府有参考意义的信息,了解政府对城市轨道交通企业的有关限制,与政府有关部门加强沟通。

📚 模块学习任务

能够就某一城市轨道交通运营企业的现状,提出相应的市场营销策略。
(1) 搜集我国城市轨道交通运营企业市场营销的相关资料。
(2) 根据所学的理论知识,分析其市场营销现状,并提出相应的市场营销策略。

📚 拓展与提高

进一步收集各典型城市轨道交通运营企业的相关案例,深入分析其市场营销工作的优劣,并指出市场营销工作在城市轨道交通运营管理工作中的地位。

✏️ 实践训练

组织学生现场参观城市轨道交通车站,了解实际工作中,企业是如何在车站开展市场营销活动的,并提出自己的建议。

🎯 思考题

1. 城市轨道交通市场营销的含义是什么?
2. 简述城市轨道交通市场营销的目标。
3. 乘客对城市轨道交通服务质量的要求是什么?
4. 试说明产品策略与客户服务的主要内容。
5. 试说明价格策略与客户服务的主要内容。
6. 试说明促销策略与客户服务的主要内容。

参 考 文 献

[1] 毛保华. 城市轨道交通系统运营管理 [M]. 北京：人民交通出版社，2006.
[2] 张国宝. 城市轨道交通运营组织 [M]. 上海：上海科学技术出版社，2006.
[3] 毛保华. 城市轨道交通规划与设计 [M]. 北京：人民交通出版社，2008.
[4] 毛保华，王明生. 城市客运管理 [M]. 北京：人民交通出版社，2009.
[5] 裴瑞江. 城市轨道交通客运组织 [M]. 北京：机械工业出版社，2009.
[6] 何宗华，汪松滋，等. 城市轨道交通运营组织 [M]. 北京：中国建筑工业出版社，2006.
[7] 徐瑞华. 城市轨道行车组织 [M]. 北京：中国铁道出版社，2005.
[8] 毛保华，姜帆，等. 城市轨道交通 [M]. 北京：科学出版社，2004.
[9] 张庆贺，宋合华. 地铁与轻轨 [M]. 北京：人民交通出版社，2006.
[10] 裘瑜，吴霖生. 城市公共交通运营管理实务 [M]. 2版. 上海：上海交通大学出版社，2008.